四字小學

저자 강태립(姜泰立)
- 원광대 중어중문학과 졸업
- 공주대학교 교육대학원 중국어전공 교육학 석사
- 전문 한자지도자 연수 강사
- 한국 한자급수검정회 이사
- 한국 한문교육연구원 경기도 본부장
- 다중지능연구소 일산센터장
- 웅산서당 훈장

감수 강태권(康泰權)
- 現) 국민대 중어중문학과 교수

이병관(李炳官)
- 연세대 중어중문학과 졸업
- 문학박사
- 대만 동해대학 중문연구소 주법고(周法高) 교수 문하에서 수학
- 현 공주대학교 중어중문학 교수

사자소학 365

 ## 이 책을 펴내면서

자녀를 바르게 키우고 싶은데 어떻게 해야 하는지 모르는 시대가 되어버렸습니다.
공부만 잘하면 좋은 사람일까요?
사람이 사람다움은 인륜(人倫)이 있기 때문입니다.

자본주의 사회에서 인륜은 무시되기 쉽고, 서로 편리 하자고 부모자식 간에도 존칭어가 점점 사라지고, 어른 아이의 구분이 사라지는데, 일부 사람들은 권위주의가 없어져 좋다고 하지만, 이는 곧 인륜이 파괴되기 시작하는 전조(前兆)일 뿐입니다.

부모와 자식이 사용하는 말이 다르고, 배운 사람과 배우지 않은 사람 말이 달라야 하는데, 요즘은 말로는 사람을 구분할 수 없을 정도로 세상이 재미만 있으면 되는 세상이 되었습니다. 하지만 삼강오륜(三綱五倫)에 기초한 인륜의 기본을 알고 실천하면, 우리 자녀들이 세상 어디에 가더라도 바로 설 수 있기에, 예로부터 전해 내려오는 사자소학을 정리하여 우리 아이들의 사람다운 역량을 키우는데 도움이 되도록 하였습니다.

부모 존경과 형제 우애가, 사회에 나아가 어른 공경과 타인의 이해에 많은 도움을 주는 것은 명약관화(明若觀火)한 일임을 생각하며, 이 책을 정리합니다.

이 책이 많은 학생들에게 도움이 되길 바라며, 이 책이 나오기 까지 한문교육에 앞장서시는 어시스트하모니(주) 관계자께도 감사의 말씀을 전합니다.

- 지은이

# 이 책의 구성과 특징

그림을 넣어 아이들이 문장의 뜻을 이해하도록 하였습니다.

한문의 편리한 해석을 위해 각 주석(註釋)에 한자를 ( )안에 삽입하였습니다.

배정 한자 해설
본문 각 한자의 자원(字源)을 설명하여 실었습니다.

원문 익히기
사자소학을 익히기 위해 원문을 별도로 구성하였습니다.

이 책의 차례

 **사자소학 익히기**

01	부모편	6
02	임금편	36
03	부부편	40
04	형제편	42
05	친구편	56
06	스승편	66
07	사람의 도리편	74

 **부록**

배정한자 해설	96
원문 익히기	124

四字小學 사자소학

父	부	아비 부
生	생	날 생
我	아	나 아
身	신	몸 신
母	모	어미 모
鞠	국	성/기를 국
吾	오	나 오
身	신	몸 신

아버지(父) 내(我) 몸(身)을 낳으시고(生),
어머니(母) 내(吾) 몸(身)을 기르셨다(鞠).

腹	복	배 복
以	이	써 이
懷	회	품을 회
我	아	나 아
乳	유	젖 유
以	이	써 이
哺	포	먹일 포
我	아	나 아

배(腹)로써(以) 나(我)를 품어주시고(懷),
젖(乳)으로써(以) 나(我)를 먹이셨으며(哺),

부모편

以	이	써 이
衣	의	옷 의
溫	온	따뜻할 온
我	아	나 아
以	이	써 이
食	식	밥/먹을 식
飽	포	배부를 포
我	아	나 아

옷(衣)으로써(以) 나(我)를 따뜻하게(溫) 하시고,
밥(食)으로써(以) 나(我)를 배부르게(飽) 하시니,

恩	은	은혜 은
高	고	높을 고
如	여	같을 여
天	천	하늘 천
德	덕	덕 덕
厚	후	두터울 후
似	사	닮을/같을 사
地	지	따/땅 지

은혜(恩)의 높기(高)가 하늘(天)과 같고(如),
덕(德)의 두텁기(厚)가 땅(地)과 같다(似).

四字小學 사자소학 365

爲 위 할/될 위
人 인 사람 인
子 자 아들 자
者 자 놈/사람 자

曷 갈 어찌 갈
不 불 아니 불
爲 위 할 위
孝 효 효도 효

사람(人)의 자식(子)이 된(爲) 자(者)가,
어찌(曷) 효도(孝)를 하지(爲) 않으리오(不),

欲 욕 하고자 할 욕
報 보 갚을/알릴 보
深 심 깊을 심
恩 은 은혜 은

昊 호 하늘 호
天 천 하늘 천
罔 망 없을 망
極 극 다할 극

깊은(深) 은혜(恩)를 갚으려(報) 하나(欲),
높은 하늘(昊天)같아 다할(極) 길이 없다(罔).

부모편

父	부	아비 부
母	모	어미 모
呼	호	부를 호
我	아	나 아
唯	유	오직/대답할 유
而	이	말이을 이
趨	추	달아날/달릴 추
進	진	나아갈 진

부모(父母)님이 나(我)를 부르시면(呼),
빨리 대답하고(唯) 그리고(而) 달려(趨) 나아가고(進),

有	유	있을 유
命	명	목숨/명할 명
必	필	반드시 필
從	종	좇을/따를 종
勿	물	말 물
逆	역	거스릴 역
勿	물	말 물
怠	태	게으를 태

명함(命)이 있으시면(有) 반드시(必) 따르고(從),
거스르지(逆) 말고(勿) 게으르지(怠) 마라(勿).

四字小學 사자소학 365

父	부	아비 **부**
母	모	어미 **모**
責	책	꾸짖을 **책**
之	지	갈/어조사 **지**
勿	물	말 **물**
怒	노	성낼 **노**
勿	물	말 **물**
答	답	대답 **답**

부모(父母)님께서 무엇(之)이든 꾸짖으시거든(責),
성내지(怒) 말고(勿) 말대답(答)을 마라(勿).

侍	시	모실 **시**
坐	좌	앉을 **좌**
父	부	아비 **부**
母	모	어미 **모**
勿	물	말 **물**
踞	거	걸터앉을 **거**
勿	물	말 **물**
臥	와	누울 **와**

부모(父母)를 모시고(侍) 앉을(坐) 때는,
걸터앉지(踞) 말고(勿) 눕지(臥) 마라(勿).

侍	시	모실 시
坐	좌	앉을 좌
親	친	친할/어버이 친
側	측	곁 측
勿	물	말 물
怒	노	성낼 노
責	책	꾸짖을 책
人	인	사람/남 인

어버이(親)를 곁(側)에 모시고(侍) 앉을(坐) 때는,
성내어(怒) 남(人)을 꾸짖지(責) 말며(勿),

父	부	아비 부
母	모	어미 모
出	출	날 출
入	입	들 입
每	매	매양 매
必	필	반드시 필
起	기	일어날 기
立	립	설 립

부모(父母)님이 나가거나(出) 들어(入)오시거든,
매번(每) 반드시(必) 일어나(起) 서라(立).

四字小學 사자소학 365

勿	물	말 물
立	립	설 립
門	문	문 문
中	중	가운데 중
勿	물	말 물
坐	좌	앉을 좌
房	방	방 방
中	중	가운데 중

문(門) 가운데(中) 서지(立) 말고(勿),
방(房) 가운데(中) 앉지(坐) 마라(勿).

出	출	날 출
入	입	들 입
門	문	문 문
戶	호	집/문 호
開	개	열 개
閉	폐	닫을 폐
必	필	반드시 필
恭	공	공손할 공.

문호(門戶)를 나가거나(出) 들어올(入) 때는
열고(開) 닫기(閉)를 반드시(必) 공손히(恭) 하라.

부모 편

須 수 모름지기 수
勿 물 말 물
大 대 큰 대
唾 타 침 타

亦 역 또 역
勿 물 말 물
弘 홍 클 홍
言 언 말씀 언

모름지기(須) 큰(大)소리로 침(唾) 뱉지 말고(勿),
또한(亦) 크게(弘) 말하지(言) 말며(勿),

手 수 손 수
勿 물 말 물
雜 잡 섞일 잡
戱 희 놀이 희

口 구 입 구
勿 물 말 물
雜 잡 섞일 잡
談 담 말씀 담

손(手)으로 잡스럽게(雜) 놀지(戱) 말고(勿),
입(口)으로 잡스러운(雜) 말(談)을 마라(勿).

부모 편 · 13

四字小學 사자소학 365

獻	헌	드릴 헌
物	물	물건 물
父	부	아비 부
母	모	어미 모
跪	궤	꿇어앉을 궤
而	이	말이을 이
進	진	나아갈/올릴 진
之	지	갈/어조사 지

부모(父母)님께 물건(物)을 드리거든(獻)
꿇어앉아(跪) 그리고(而) 그것(之)을 올리고(進),

與	여	줄 여
我	아	나 아
飮	음	마실 음
食	식	밥/먹을 식
跪	궤	꿇어앉을 궤
而	이	말이을 이
受	수	받을 수
之	지	갈/어조사 지

나(我)에게 음식(飮食)을 주시거든(與)
꿇어앉아(跪) 그리고(而) 그것(之)을 받아라(受).

부모편

行	행	다닐 행
勿	물	말 물
慢	만	거만할 만
步	보	걸음/걸을 보
坐	좌	앉을 좌
勿	물	말 물
倚	의	의지할/기댈 의
身	신	몸 신

다닐(行) 때는 거만하게(慢) 걷지(步) 말고(勿),
앉을(坐) 때는 몸(身)을 기대지(倚) 말며(勿),

父	부	아비 부
母	모	어미 모
衣	의	옷 의
服	복	옷 복
勿	물	말 물
踰	유	넘을 유
勿	물	말 물
踐	천	밟을 천

부모(父母)의 의복(衣服)을,
넘어(踰) 다니지 말고(勿) 밟지(踐) 마라(勿).

四字小學 사자소학 365

膝	슬	무릎 슬
前	전	앞 전
勿	물	말 물
坐	좌	앉을 좌
親	친	친할/어버이 친
面	면	낯/얼굴 면
勿	물	말 물
仰	앙	우러를/오를 앙

부모님 무릎(膝) 앞(前)에 앉지(坐) 말고(勿),
부모(親)님 얼굴(面)을 올려다(仰)보지 말며(勿),

父	부	아비 부
母	모	어미 모
臥	와	누울 와
命	명	목숨/명할 명
俯	부	구부릴/숙일 부
首	수	머리 수
聽	청	들을 청
之	지	갈/어조사 지

부모(父母)님께서 누워(臥) 명(命)하더라도
머리(首)를 숙이고(俯) 그(之) 명을 들어라(聽).

부모 편

坐	좌	앉을 좌
命	명	목숨/명할 명
跪	궤	꿇어앉을 궤
聽	청	들을 청
立	립	설 립
命	명	목숨/명할 명
立	립	설 립
聽	청	들을 청

앉아서(坐) 명(命)하시면 꿇어앉아(跪) 듣고(聽),
서서(立) 명(命)하시면 서서(立) 들으며(聽),

稞	과	보리/곡식 과
糧	량	양식 량
以	이	써 이
送	송	보낼 송
勿	물	말 물
懶	라	게으를 라
讀	독	읽을 독
書	서	글/책 서

곡식(稞)과 양식(糧)으로써(以) 보내(送)주시면,
책(書) 읽기(讀)를 게을리(懶) 하지마라(勿).

四字小學 사자소학 365

親	친	친할/어버이 친
履	리	밟을/신 리
勿	물	말 물
履	리	밟을 리

親	친	친할/어버이 친
席	석	자리 석
勿	물	말 물
坐	좌	앉을 좌

어버이(親) 신(履)을 밟지(履) 말며(勿),
어버이(親) 자리(席)에 앉지(坐) 말며(勿),

須	수	모름지기 수
勿	물	말 물
放	방	놓을/클 방
笑	소	웃음 소

亦	역	또 역
勿	물	말 물
翔	상	날 상
行	행	다닐 행

모름지기(須) 크게(放) 웃지(笑) 말고(勿),
또한(亦) 날(翔)듯이 다니지(行) 마라(勿).

부모 편

事	사	일 사
必	필	반드시 필
稟	품	여쭐 품
行	행	다닐/행할 행
無	무	없을 무
敢	감	감히 감
自	자	스스로 자
專	전	오로지/마음대로 전

일(事)은 반드시(必) 여쭈어(稟) 행하고(行),
감히(敢) 스스로(自) 마음대로(專) 말며(無),

衣	의	옷 의
服	복	옷 복
帶	대	띠 대
鞋	혜	신 혜
不	불	아니/말 불
失	실	잃을 실
不	불	아니/말 불
裂	열	찢어질 렬

의복(衣服)과 허리띠(帶)와 신(鞋)을
잃어버리지(失) 말고(不) 찢지(裂) 마라(不).

부모 편 · 19

四字小學 사자소학 365

鷄	계	닭 계
鳴	명	울 명
而	이	말이을 이
起	기	일어날 기
必	필	반드시 필
盥	관	씻을 관
必	필	반드시 필
漱	수	양치할 수

닭(鷄)이 울면(鳴) 그러면(而) 일어나서(起),
반드시(必) 세수하고(盥) 반드시(必) 양치하고(漱),

晨	신	새벽 신
必	필	반드시 필
先	선	먼저 선
起	기	일어날 기
暮	모	저물 모
須	수	모름지기 수
後	후	뒤 후
寢	침	잘 침

새벽(晨)에는 반드시(必) 먼저(先) 일어나고(起),
저물면(暮) 모름지기(須) 뒤에(後) 자라(寢).

부모 편

父 부 아비 부
母 모 어미 모
有 유 있을 유
病 병 병 병

憂 우 근심 우
而 이 말이을 이
謀 모 꾀 모
瘳 추 병나을 추

부모(父母)님께 병(病)이 있으면(有)
근심하고(憂) 그리고(而) 병이 나을(瘳) 것을 꾀하고(謀),

父 부 아비 부
母 모 어미 모
不 불 아니 불
食 식 밥/먹을 식

思 사 생각 사
得 득 얻을 득
良 양 어질 량
饌 찬 반찬/음식 찬

부모(父母)님이 드시지(食) 않으면(不)
좋은(良) 음식(饌) 얻을(得) 것을 생각하라(思).

四字小學 사자소학 365

衣	의	옷 의
服	복	옷 복
雖	수	비록 수
惡	악	악할/나쁠 악
與	여	더불/줄 여
之	지	갈/어조사 지
必	필	반드시 필
着	착	붙을 착

의복(衣服)이 비록(雖) 나쁘더라도(惡)
그것을(之) 주시면(與) 반드시(必) 입고(着),

飮	음	마실 음
食	식	밥/먹을 식
雖	수	비록 수
厭	염	싫어할 염
賜	사	줄 사
之	지	갈/어조사 지
必	필	반드시 필
嘗	상	맛볼 상

음식(飮食)이 비록(雖) 싫어도(厭),
그것을(之) 주시면(賜) 반드시(必) 맛을 보아라(嘗).

부모 편

父	부	아비 부
母	모	어미 모
無	무	없을 무
衣	의	옷 의
勿	물	말 물
思	사	생각 사
我	아	나 아
衣	의	옷 의

부모(父母)님의 옷(衣)이 없으면(無)
내(我) 옷(衣)을 생각하지(思) 말고(勿),

父	부	아비 부
母	모	어미 모
無	무	없을 무
食	식	밥 식
勿	물	말 물
思	사	생각 사
我	아	나 아
食	식	밥 식

부모(父母)님의 밥(食)이 없으면(無)
내(我) 밥(食)을 생각하지(思) 마라(勿).

四字小學 사자소학 365

出	출	날 출
必	필	반드시 필
告	고	고할 고/청할 곡
之	지	갈/어조사 지
反	반	돌아올 반
必	필	반드시 필
拜	배	절 배
謁	알	뵐 알

나갈(出) 때는 반드시(必) 그것(之)을 아뢰고(告),
돌아오면(反) 반드시(必) 절하고(拜) 뵈어라(謁).

毋	무	말 무
與	여	더불 여
人	인	사람/남 인
鬪	투	싸움 투
父	부	아비 부
母	모	어미 모
不	불	아니 불
安	안	편안 안

남(人)과 더불어(與) 싸우지(鬪) 마라(毋),
부모(父母)님께서 불안(不安)하시다.

부모편

子	자	아들/자식 자
登	등	오를 등
高	고	높을 고
樹	수	나무 수
父	부	아비 부
母	모	어미 모
憂	우	근심 우
之	지	갈/어조사 지

자식(子)이 높은(高) 나무(樹)에 오르면(登)
부모(父母)님께서 그것(之)을 근심하신다(憂).

勿	물	말 물
泳	영	헤엄칠 영
深	심	깊을 심
淵	연	못 연
父	부	아비 부
母	모	어미 모
念	념	생각 념
之	지	갈/어조사 지

깊은(深) 연못(淵)에서 헤엄치지(泳) 마라(勿),
부모(父母)님께서 그것(之)을 염려하신다(念).

四字小學 사자소학 365

父	부	아비 부
母	모	어미 모
愛	애	사랑 애
之	지	갈/어조사 지
喜	희	기쁠 희
而	이	말이을 이
弗	불	아닐/말 불
忘	망	잊을 망

부모(父母)님께서 나(之)를 사랑하거든(愛)
기뻐하고(喜) 그리고(而) 잊지(忘) 말고(弗),

父	부	아비 부
母	모	어미 모
惡	오	악할 악/미워할 오
之	지	갈/어조사 지
懼	구	두려워할 구
而	이	말이을 이
無	무	없을/말 무
怨	원	원망할 원

부모(父母)님께서 나(之)를 미워해도(惡)
두려워하고(懼) 그리고(而) 원망하지(怨) 마라(無).

부모 편

夏 하 여름 하
則 즉 곧 즉
涼 량 서늘할 량
枕 침 베게 침

冬 동 겨울 동
則 즉 곧 즉
溫 온 따뜻할 온
被 피 입을/이불 피

여름(夏)이면 곧(則) 베개(枕)를 서늘하게(涼)하고,
겨울(冬)에는 곧(則) 이불(被)을 따뜻하게(溫) 해드리며,

若 약 같을/만일 약
得 득 얻을 득
美 미 아름다울/맛있을 미
果 과 실과 과

歸 귀 돌아갈 귀
獻 헌 드릴 헌
父 부 아비 부
母 모 어미 모

만약(若) 맛있는(美) 과실(果)을 얻으면(得)
돌아가(歸) 부모(父母)님께 드려라(獻).

四字小學 사자소학 ③

器 기 그릇 기
有 유 있을 유
飮 음 마실 음
食 식 밥/먹을 식

母 무 말/않을 무
與 여 더불/줄 여
勿 물 말 물
食 식 밥/먹을 식

그릇(器)에 음식(飮食)이 있어도(有)
주시지(與) 않으면(毋) 먹지(食) 마라(勿).

親 친 친할/어버이 친
前 전 앞 전
珍 진 보배 진
羞 수 부끄러울/음식 수

先 선 먼저 선
食 식 밥/먹을 식
不 불 아니 불
孝 효 효도 효

어버이(親) 앞(前)의 진귀한(珍) 음식(羞)은,
먼저(先) 먹으면(食) 효(孝)가 아니다(不).

室 실 집실
堂 당 집당
有 유 있을유
塵 진 티끌진

常 상 떳떳할/항상상
必 필 반드시필
帚 추 비추
掃 소 쓸소

집(室)과 당(堂)에 먼지(塵)가 있으면(有)
항상(常) 반드시(必) 비(帚)로 쓸고(掃),

暑 서 더울서
無 무 없을무
褰 건 들/올릴건
衣 의 옷의

亦 역 또역
勿 물 말물
揮 휘 휘두를휘
扇 선 부채선

덥다고(暑) 옷(衣)을 걷어 올리지(褰) 말고(無),
또한(亦) 부채(扇)를 휘두르지(揮) 마라(勿).

四字小學 사자소학 365

平	평	평평할 평
生	생	날 생
一	일	한 일
欺	기	속일 기
其	기	그 기
罪	죄	허물 죄
如	여	같을 여
山	산	메 산

평생(平生) 한(一)번이라도 부모를 속이면(欺)
그(其) 죄(罪)는 산(山)과 같다(如).

若	약	같을/만일 약
告	고	고할 고/청할 곡
西	서	서녘 서
適	적	맞을/갈 적
不	불	아니/말 불
復	복	회복할 복
東	동	동녘 동
往	왕	갈 왕

만약(若) 서쪽(西)으로 간다고(適) 말하고(告),
다시(復) 동쪽(東)으로 가지(往) 마라(不).

부모편

雪	설	눈 설
裏	리	속 리
求	구	구할 구
筍	순	죽순 순
孟	맹	맏 맹
宗	종	마루 종
之	지	갈/어조사 지
孝	효	효도 효

눈(雪) 속에서(裏) 죽순(筍)을 구한(求) 것은
맹종(孟宗)의(之) 효도(孝)요,

叩	고	두드릴 고
氷	빙	얼음 빙
得	득	얻을 득
鯉	리	잉어 리
王	왕	임금 왕
祥	상	상서 상
之	지	갈/어조사 지
孝	효	효도 효

얼음(氷)을 두드려(叩) 잉어(鯉)를 얻은(得) 것은
왕상(王祥)의(之) 효도(孝)니라.

四字小學 사자소학 365

身	신	몸 신
體	체	몸 체
髮	발	터럭 발
膚	부	살갗 부
受	수	받을 수
之	지	갈/어조사 지
父	부	아비 부
母	모	어미 모

신체(身體)와 머리털(髮)과 살갗(膚)은
부모(父母)에게(之) 받은(受) 것이라,

不	불	아니 불
敢	감	감히 감
毀	훼	헐 훼
傷	상	다칠 상
孝	효	효도 효
之	지	갈/어조사 지
始	시	비로소/처음 시
也	야	어조사 야

감히(敢) 훼손(毀)하거나 상하지(傷) 않는(不) 것이,
효도(孝)의(之) 시작(始)이다(也).

부모 편

立	입	설 립
身	신	몸 신
行	행	다닐/행할 행
道	도	길/도리 도
揚	양	날릴 양
名	명	이름 명
後	후	뒤 후
世	세	인간/세상 세

몸(身)을 세워(立) 도(道)를 행하여(行)
이름(名)을 후세(後世)에 드날려(揚),

以	이	써 이
顯	현	나타날 현
父	부	아비 부
母	모	어미 모
孝	효	효도 효
之	지	갈/어조사 지
終	종	마칠 종
也	야	어조사 야

이로써(以) 부모(父母)를 나타내야(顯)
효도(孝)의(之) 마침(終)이 된다(也).

四字小學 사자소학 365

我 아 나아
身 신 몸신
能 능 능할능
惡 악 악할악

辱 욕 욕될욕
及 급 미칠급
父 부 아비부
母 모 어미모

내(我) 몸(身)이 능히(能) 악하면(惡),
욕(辱)이 부모(父母)님께 미치고(及),

我 아 나아
身 신 몸신
能 능 능할능
善 선 착할선

譽 예 기릴/명예예
及 급 미칠급
父 부 아비부
母 모 어미모

내(我) 몸(身)이 능히(能) 착하면(善),
명예(譽)가 부모(父母)님께 이른다(及).

부모편

事 사 일/섬길 사
親 친 친할 친
如 여 같을 여
此 차 이 차

可 가 옳을/가히 가
謂 위 이를 위
人 인 사람 인
子 자 아들/자식 자

어버이(親) 섬기기(事)를 이(此)와 같이(如)하면,
가히(可) 사람(人)의 자식(子)이라 이를(謂) 수 있고,

不 불 아니 불
能 능 능할 능
如 여 같을 여
此 차 이 차

禽 금 새 금
獸 수 짐승 수
無 무 없을 무
異 이 다를 이

능히(能) 이(此)와 같지(如) 않다면(不),
새(禽)나 짐승(獸)과 다를(異) 것이 없다(無).

부모 편 · 35

四字小學 사자소학 365

事	사	일/섬길 **사**
君	군	임금 **군**
之	지	갈/어조사 **지**
道	도	길/도리 **도**
與	여	더불/~와 **여**
父	부	아비 **부**
一	일	한 **일**
體	체	몸 **체**

임금(君)을 섬기(事)는(之) 도리(道)는
부모(父)와(與) 한(一) 몸(體)같게 하고,

使	사	하여금/부릴 **사**
臣	신	신하 **신**
以	이	써 **이**
禮	례	예도 **례**
事	사	일/섬길 **사**
君	군	임금 **군**
以	이	써 **이**
忠	충	충성 **충**

신하(臣)는 예(禮)로써(以) 부리고(使),
임금(君)은 충(忠)으로써(以) 섬겨라(事).

임금 편

盡 진 다할 진
己 기 몸/자기 기
謂 위 이를 위
忠 충 충성 충

以 이 써 이
實 실 열매/참 실
謂 위 이를 위
信 신 믿을 신

자기(己)를 다함(盡)을 충(忠)이라 이르고(謂),
참(實)으로써(以) 함을 신(信)이라 이른다(謂).

人 인 사람 인
不 불 아니 불
忠 충 충성 충
信 신 믿을 신

何 하 어찌 하
謂 위 이를 위
人 인 사람 인
乎 호 어조사 호

사람(人)이 충성(忠)과 믿음(信)이 없으면(不)
어찌(何) 사람(人)이라 이르(謂)겠는가(乎)?

임금 편 · 37

四字小學 사자소학 365

學 학 배울 학
優 우 넉넉할 우
則 즉 곧 즉
仕 사 섬길/벼슬 사

爲 위 할 위
國 국 나라 국
盡 진 다할 진
忠 충 충성 충

배움(學)이 넉넉하면(優) 곧(則) 벼슬(仕)하여
나라(國)를 위해(爲) 충성(忠)을 다하라(盡).

敬 경 공경 경
信 신 믿을 신
節 절 마디/절약할 절
用 용 쓸 용

愛 애 사랑 애
民 민 백성 민
如 여 같을 여
子 자 아들/자식 자

공경(敬)하고 믿음(信)있고 절약하여(節) 사용하며(用)
백성(民) 사랑하기(愛)를 자식(子)과 같이(如)하라.

임금 편

進 진 나아갈 진
思 사 생각 사
盡 진 다할 진
忠 충 충성 충

退 퇴 물러날 퇴
思 사 생각 사
補 보 도울 보
過 과 허물/잘못 과

벼슬에 나아가서는(進)을 충성(忠)을 다할(盡)것을 생각하고(思),
물러나(退)서는 허물(過)을 도와드릴(補)것을 생각(思)하라.

士 사 선비 사
農 농 농사 농
工 공 장인 공
商 상 장사 상

德 덕 덕 덕
崇 숭 높을 숭
業 업 업 업
廣 광 넓을 광

선비(士)와 농사꾼(農)과 장인(工)과 상인(商)은,
덕(德)이 높아지면(崇) 사업(業)이 넓어(廣)지리라.

四字小學 사자소학 365

夫 부 지아비 부
婦 부 며느리/아내 부
之 지 갈/어조사 지
道 도 길/도리 도

異 이 다를 이
姓 성 성 성
之 지 갈/어조사 지
合 합 합할 합

부부(夫婦)의(之) 도리(道)는
다른(異) 성(姓)의(之) 결합(合)이다.

夫 부 지아비 부
道 도 길/도리 도
剛 강 굳셀 강
直 직 곧을 직

婦 부 며느리/아내 부
德 덕 덕 덕
柔 유 부드러울 유
順 순 순할 순

남편(夫)의 도(道)는 강하고(剛) 곧고(直),
부인(婦)의 덕(德)은 부드럽고(柔) 순해야(順) 한다.

부부편

愛	애	사랑 애
之	지	갈/어조사 지
敬	경	공경 경
之	지	갈/어조사 지
夫	부	지아비 부
婦	부	며느리/아내 부
之	지	갈/어조사 지
禮	례	예도 례

서로(之) 사랑하고(愛) 서로(之) 공경하는(敬) 것이
부부(夫婦)의(之) 예(禮)이니,

夫	부	지아비 부
唱	창	부를 창
婦	부	며느리/아내 부
隨	수	따를 수
家	가	집 가
道	도	길/도리 도
成	성	이룰 성
矣	의	어조사 의

남편(夫)이 부르고(唱) 부인(婦)이 따르면(隨),
집(家)안의 도(道)가 이루어(成)진다(矣).

四字小學 사자소학 365

兄	형	형 형
弟	제	아우 제
姉	자	손윗누이 자
妹	매	누이 매
友	우	벗 우
愛	애	사랑 애
而	이	말이을/뿐 이
已	이	이미/뿐 이

형제(兄弟)와 자매(姉妹)는
우애(友愛)할 뿐이니(而已),

骨	골	뼈 골
肉	육	고기 육
雖	수	비록 수
分	분	나눌 분
本	본	근본/본디 본
生	생	날 생
一	일	한 일
氣	기	기운 기

뼈(骨)와 살(肉)은 비록(雖) 나누어(分) 졌으나
본디(本) 한(一) 기운(氣)에서 태어났(生)느니라.

형제 편

形	형	모양 형
體	체	몸 체
雖	수	비록 수
各	각	각각 각
素	소	본디/흴 소
受	수	받을 수
一	일	한 일
血	혈	피 혈

형체(形體)는 비록(雖) 각각(各)이나
본래(素) 한(一) 피(血)를 받았으니(受),

兄	형	형 형
友	우	벗/우애 우
弟	제	아우 제
恭	공	공손할 공
不	불	아니 불
敢	감	감히 감
怨	원	원망할 원
怒	노	성낼 노

형(兄)이 우애하면(友) 아우(弟)는 공손하여(恭),
감히(敢) 원망하거나(怨) 성내지(怒) 마라(不).

四字小學 사자소학 365

比 비 견줄 비
之 지 갈/어조사 지
於 어 어조사 어
木 목 나무 목

同 동 한가지/같을 동
根 근 뿌리 근
異 이 다를 이
枝 지 가지 지

이(之)를 나무(木)에(於) 비유하면(比)
뿌리(根)는 같고(同) 가지(枝)는 다름(異)이요,

比 비 견줄 비
之 지 갈/어조사 지
於 어 어조사 어
水 수 물 수

同 동 한가지/같을 동
源 원 근원 원
異 이 다를 이
流 류 흐를 류

이(之)를 물(水)에(於) 비유하면(比)
근원(源)은 같으나(同) 흐름이(流) 다름(異)이라.

형제 편

兄	형	형 형
雖	수	비록 수
責	책	꾸짖을 책
我	아	나 아
莫	막	없을 막
敢	감	감히 감
抗	항	겨룰/대항할 항
怒	노	성낼 노

형(兄)이 비록(雖) 나(我)를 꾸짖으나(責),
감히(敢) 대항하거나(抗) 성내지(怒) 말고(莫),

弟	제	아우 제
雖	수	비록 수
有	유	있을 유
過	과	지날/잘못 과
須	수	모름지기 수
勿	물	말 물
聲	성	소리 성
責	책	꾸짖을 책

아우(弟)가 비록(雖) 잘못(過)이 있으나(有)
모름지기(須) 큰소리(聲)로 꾸짖지(責) 마라(勿).

四字小學 사자소학 365

一	일	한 일
粒	립	낟알 립
之	지	갈/어조사 지
食	식	밥/먹을 식
必	필	반드시 필
分	분	나눌 분
而	이	말이을 이
食	식	밥/먹을 식

한(一) 알(粒)의(之) 밥(食)이라도
반드시(必) 나누어(分) [그리고(而)] 먹고(食),

一	일	한 일
盃	배	잔 배
之	지	갈/어조사 지
水	수	물 수
必	필	반드시 필
分	분	나눌 분
而	이	말이을 이
飮	음	마실 음

한(一) 잔(盃)의(之) 물(水)이라도
반드시(必) 나누어(分) [그리고(而)] 마셔라(飮).

형제 편

兄	형	형 **형**
無	무	없을 **무**
衣	의	옷 **의**
服	복	옷 **복**
弟	제	아우 **제**
必	필	반드시 **필**
獻	헌	드릴 **헌**
之	지	갈/어조사 **지**

형(兄)이 의복(衣服)이 없으면(無)
아우(弟)는 반드시(必) 그것(之)을 드리고(獻),

弟	제	아우 **제**
無	무	없을 **무**
飮	음	마실 **음**
食	식	밥/먹을 **식**
兄	형	형 **형**
必	필	반드시 **필**
與	여	더불/줄 **여**
之	지	갈/어조사 **지**

아우(弟)가 음식(飮食)이 없으면(無)
형(兄)은 반드시(必) 그것(之)을 주어라(與).

四字小學 사자소학 365

私	사	사사 사
其	기	그 기
飮	음	마실 음
食	식	밥/먹을 식
禽	금	새 금
獸	수	짐승 수
之	지	갈/어조사 지
類	류	무리 류

그(其) 음식(飮食)을 사사로이(私)하면
새(禽)나 짐승(獸)의(之) 무리(類)요,

私	사	사사 사
其	기	그 기
衣	의	옷 의
服	복	옷 복
夷	이	오랑캐 이
狄	적	오랑캐 적
之	지	갈/어조사 지
徒	도	무리 도

그(其) 의복(衣服)을 사사로이(私)하면
오랑캐(夷狄)의(之) 무리(徒)니라.

형제 편

兄	형	형 **형**
有	유	있을 **유**
過	과	지날/잘못 **과**
失	실	잃을 **실**
和	화	화할 **화**
氣	기	기운 **기**
以	이	써 **이**
諫	간	간할 **간**

형(兄)이 잘못이나(過) 실수(失)가 있거든(有)
온화한(和) 기운(氣)으로써(以) 간하고(諫),

弟	제	아우 **제**
有	유	있을 **유**
過	과	지날/잘못 **과**
誤	오	그르칠 **오**
怡	이	기쁠 **이**
聲	성	소리 **성**
以	이	써 **이**
訓	훈	가르칠 **훈**

아우(弟)가 잘못이나(過) 그릇됨(誤)이 있으면(有)
온화한(怡) 소리(聲)로써(以) 가르쳐라(訓).

四字小學 사자소학 365

兄 형 형**형**
弟 제 아우**제**
有 유 있을**유**
病 병 병**병**

憫 민 민망할**민**
而 이 말이을**이**
思 사 생각**사**
救 구 구원할**구**

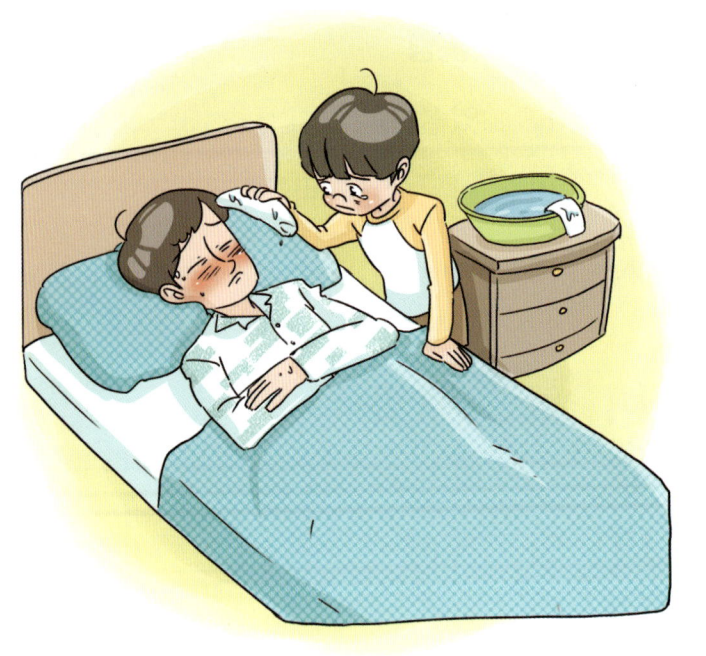

형제(兄弟)가 병(病)이 있거든(有)
근심하고(憫) [그리고(而)] 구할(救) 것을 생각하라(思).

兄 형 형**형**
能 능 능할**능**
如 여 같을**여**
此 차 이**차**

弟 제 아우**제**
亦 역 또**역**
效 효 본받을**효**
之 지 갈/어조사**지**

형(兄)이 능히(能) 이(此)와 같으면(如)
아우(弟) 또한(亦) 그것(之)을 본받느니라(效).

형제 편

兄 형 형 형
弟 제 아우 제
有 유 있을 유
惡 악 악할/나쁠 악 / 미워할 오

隱 은 숨을 은
而 이 말이을 이
勿 물 말 물
現 현 나타날 현

형제(兄弟)가 나쁜(惡) 점이 있거든(有)
숨기고(隱) [그리고(而)] 나타내지(現) 말고(勿),

兄 형 형 형
弟 제 아우 제
有 유 있을 유
善 선 착할 선

必 필 반드시 필
譽 예 기릴/명예/칭찬할 예
于 우 어조사 우
外 외 바깥 외

형제(兄弟)가 선(善)한 것이 있거든(有)
반드시(必) 밖(外)에(于) 칭찬하라(譽).

四字小學 사자소학 365

兄	형	형 형
出	출	날 출
晩	만	늦을 만
來	래	올 래

倚	의	의지할/기댈 의
門	문	문 문
俟	사	기다릴 사
之	지	갈/어조사 지

형(兄)이 나가(出) 늦게(晩) 돌아오면(來),
문(門)을 기대고(倚) 그(之)를 기다리고(俟),

弟	제	아우 제
出	출	날 출
不	불	아니 불
還	환	돌아올 환

登	등	오를 등
高	고	높을 고
望	망	바랄 망
之	지	갈/어조사 지

아우(弟)가 나가(出) 돌아오지(還) 않으면(不),
높은(高) 곳에 올라(登) 그(之)를 바라보라(望).

형제 편

我	아	나 아
有	유	있을 유
憂	우	근심 우
患	환	근심 환
兄	형	형 형
弟	제	아우 제
亦	역	또 역
憂	우	근심 우

내(我)가 근심(憂)이나 병(患)이 있으면(有),
형제(兄弟) 또한(亦) 근심하고(憂),

我	아	나 아
有	유	있을 유
歡	환	기쁠 환
樂	락	즐길 락
姉	자	손윗누이 자
妹	매	누이 매
亦	역	또 역
樂	락	즐길 락

내(我)가 기쁨(歡)과 즐거움(樂)이 있으면(有),
자매(姉妹) 또한(亦) 즐거워한다(樂).

四字小學 사자소학 365

我 아 나 아
事 사 일/섬길 사
人 인 사람/남 인
親 친 친할/어버이 친

人 인 사람/남 인
事 사 일/섬길 사
我 아 나 아
親 친 친할/어버이 친

내(我)가 남(人)의 어버이(親)를 섬기면(事),
남(人)도 내(我) 어버이(親)를 섬기고(事),

我 아 나 아
敬 경 공경 경
人 인 사람/남 인
兄 형 형 형

人 인 사람/남 인
敬 경 공경 경
我 아 나 아
兄 형 형 형

내(我)가 남(人)의 형(兄)을 공경하면(敬),
남(人)도 내(我) 형(兄)을 공경한다(敬).

형제 편

雖　수　비록 수
有　유　있을 유
他　타　다를 타
親　친　친할/어버이 친

豈　기　어찌 기
有　유　있을 유
如　여　같을 여
此　차　이 차

비록(雖) 다른(他) 친함(親)이 있으나(有)
어찌(豈) 이(此)와 같음(如)이 있으리(有)요?

兄　형　형 형
弟　제　아우 제
和　화　화할 화
睦　목　화목할 목

父　부　아비 부
母　모　어미 모
喜　희　기쁠 희
之　지　갈/어조사 지

형제(兄弟)가 화목(和睦)하면,
부모(父母)님께서 그것(之)을 기뻐하시느니라(喜).

四字小學 사자소학 365

人 인 사람 인
之 지 갈/어조사 지
處 처 곳/살 처
世 세 인간/세상 세

不 불 아니 불
可 가 옳을 가
無 무 없을 무
友 우 벗/친구 우

사람(人)의(之) 세상(世) 살이(處)에
친구(友) 없기(無)가 불가(不可)하다.

以 이 써 이
文 문 글월 문
會 회 모일 회
友 우 벗 우

以 이 써 이
友 우 벗 우
輔 보 도울 보
仁 인 어질 인

글(文)로써(以) 벗(友)을 모으고(會)
벗(友)으로써(以) 인(仁)을 도와라(輔).

친구 편

擇 택 가릴 **택**
而 이 말이을 **이**
交 교 사귈 **교**
之 지 갈/어조사 **지**

有 유 있을 **유**
所 소 바 **소**
補 보 기울/도울 **보**
益 익 더할/유익할 **익**

가리어(擇) [그래서(而)] 그(之)를 사귀면(交),
도움(補)되고 유익한(益) 바(所)가 있고(有),

不 불 아니 **불**
擇 택 가릴 **택**
而 이 말이을 **이**
交 교 사귈 **교**

反 반 돌아올/도리어 **반**
有 유 있을 **유**
害 해 해할 **해**
之 지 갈/어조사 **지**

가리지(擇) 않고(不) [그리고(而)] 사귀면(交)
도리어(反) 그것(之)은 해로움(害)이 있다(有).

四字小學 사자소학 365

友 우 벗 우
其 기 그 기
正 정 바를 정
人 인 사람 인

我 아 나 아
亦 역 또 역
自 자 스스로 자
正 정 바를 정

그(其) 바른(正) 사람(人)과 벗(友)하면,
나(我) 또한(亦) 스스로(自) 바르고(正),

從 종 좇을 종
遊 유 놀 유
邪 사 간사할 사
人 인 사람 인

我 아 나 아
亦 역 또 역
自 자 스스로 자
邪 사 간사할 사

간사한(邪) 사람(人)을 따라(從) 놀면(遊),
나(我) 또한(亦) 스스로(自) 간사해(邪) 진다.

친구 편

蓬	봉	쑥 봉
生	생	날 생
麻	마	삼 마
中	중	가운데 중
不	불	아니 불
扶	부	도울 부
自	자	스스로 자
正	정	바를 정

쑥(蓬)이 삼(麻) 가운데(中) 자라면(生),
붙들어(扶)주지 않아도(不) 스스로(自) 바르고(正),

白	백	흰 백
沙	사	모래 사
在	재	있을 재
泥	니	진흙 니
不	불	아니 불
染	염	물들 염
自	자	스스로 자
陋	루	더러울 루

흰(白) 모래(沙)가 진흙(泥)에 있으면(在),
물들이지(染) 않아도(不) 스스로(自) 더러워(陋)진다.

四字小學 사자소학 365

近 근 가까울 근
墨 묵 먹 묵
者 자 놈 자
黑 흑 검을 흑

近 근 가까울 근
朱 주 붉을 주
者 자 놈 자
赤 적 붉을 적

먹(墨)을 가까이(近)하는 자(者)는 검고(黑)
주사(朱)를 가까이(近) 하는 자(者)는 붉어지니(赤),

居 거 살 거
必 필 반드시 필
擇 택 가릴 택
隣 린 이웃 린

就 취 나아갈 취
必 필 반드시 필
有 유 있을 유
德 덕 덕 덕

사는(居) 곳은 반드시(必) 이웃(隣)을 가리고(擇)
나아갈(就) 때는 반드시(必) 덕(德)이 있는(有) 곳으로 하라.

친구 편

面 면 낯/얼굴 면
讚 찬 기릴/칭찬 찬
我 아 나 아
善 선 착할 선

諂 첨 아첨할 첨
諛 유 아첨할 유
之 지 갈/어조사 지
人 인 사람 인

얼굴(面)앞에서 나(我)의 선(善)을 칭찬하면(讚)
아첨(諂諛)하는(之) 사람(人)이요,

面 면 낯/얼굴 면
責 책 꾸짖을 책
我 아 나 아
過 과 지날/잘못 과

剛 강 굳셀 강
直 직 곧을 직
之 지 갈/어조사 지
人 인 사람 인

얼굴(面)을 대하고 나(我)의 잘못(過)을 꾸짖으면(責)
강하고(剛) 정직(直)한(之) 사람(人)이니라.

四字小學 사자소학 365

悅 열 기쁠 열
人 인 사람/남 인
讚 찬 기릴/칭찬 찬
己 기 몸/자기 기

百 백 일백 백
事 사 일 사
皆 개 다 개
僞 위 거짓 위

남(人)이 자기(己) 칭찬함(讚)을 기뻐하면(悅),
모든(百) 일(事)이 다(皆) 거짓(僞)이니라.

厭 염 싫어할 염
人 인 사람/남 인
責 책 꾸짖을 책
者 자 놈 자

其 기 그 기
行 행 다닐/행할 행
無 무 없을 무
進 진 나아갈 진

남(人)의 꾸짖음(責)을 싫어하는(厭) 사람(者)은,
그(其) 행동(行)에 나아감(進)이 없다(無).

친구 편

內	내	안 내
疏	소	소통할/멀 소
外	외	바깥 외
親	친	친할 친
是	시	이/옳을 시
謂	위	이를 위
不	불	아니/없을 불
信	신	믿을 신

안(內)으로 멀게(疏) 여기고 밖(外)으로 친한(親) 척 하면,
이(是)를 믿음(信)이 없다고(不) 이른다(謂).

行	행	다닐/행할 행
不	불	아니 불
如	여	같을 여
言	언	말씀 언
亦	역	또 역
曰	왈	가로/말할 왈
不	불	아니/없을 불
信	신	믿을 신

행동(行)이 말(言)과 같지(如) 않다면(不),
또한(亦) 믿음(信)이 없다고(不) 말한다(曰).

四字小學 사자소학 365

人	인	사람 인
無	무	없을 무
責	책	꾸짖을 책
友	우	벗/친구 우
易	이	바꿀 역 / 쉬울 이
陷	함	빠질 함
不	불	아니 불
義	의	옳을 의

사람(人)이 꾸짖는(責) 친구(友)가 없으면(無),
옳지(義) 않은(不)데 빠지기(陷) 쉽다(易).

多	다	많을 다
友	우	벗/친구 우
之	지	갈/어조사 지
人	인	사람 인
當	당	마땅/당할 당
事	사	일 사
無	무	없을 무
誤	오	그르칠 오

많은(多) 친구(友)가 있는(之) 사람(人)은,
일(事)을 당해도(當) 잘못됨(誤)이 없다(無).

친구 편

彼	피	저 피
必	필	반드시 필
大	대	큰 대
怒	노	성낼 노
反	반	돌아올/도리어 반
有	유	있을 유
我	아	나 아
害	해	해할 해

저(彼)가 반드시(必) 크게(大) 성나면(怒)
도리어(反) 내게(我) 해로움(害)이 있다(有).

友	우	벗 우
而	이	말이을 이
不	불	아니/없을 불
信	신	믿을 신
非	비	아닐 비
直	직	곧을 직
之	지	갈/어조사 지
人	인	사람 인

벗(友)이나 그러나(而) 믿음(信)이 없으면(不),
정직(直)한(之) 사람(人)이 아니다(非).

四字小學 사자소학 365

事	사	일/섬길 사
師	사	스승 사
如	여	같을 여
親	친	친할/어버이 친
必	필	반드시 필
敬	경	공경 경
必	필	반드시 필
恭	공	공손할 공

스승(師) 섬기기(事)를 어버이(親)와 같이하여(如),
반드시(必) 공경하고(敬) 반드시(必) 공손하라(恭).

非	비	아닐 비
敎	교	가르칠 교
不	불	아니/못할 불
知	지	알 지
非	비	아닐 비
知	지	알 지
何	하	어찌 하
行	행	다닐/행할 행

가르치지(敎) 않으면(非) 알지(知) 못하니(不),
알지(知) 않으면(非) 어찌(何) 행하리오(行).

스승 편

能 능 능할 능
孝 효 효도 효
能 능 능할 능
悌 제 공손할 제

莫 막 없을 막
非 비 아닐 비
師 사 스승 사
恩 은 은혜 은

능히(能) 효도(孝)하고 능히(能) 공손함(悌)이
스승(師)의 은혜(恩)가 아님이(非) 없고(莫),

能 능 능할 능
知 지 알 지
能 능 능할 능
信 신 믿을/진실 신

莫 막 없을 막
非 비 아닐 비
師 사 스승 사
功 공 공 공

능히(能) 알고(知) 능히(能) 진실함이(信)
스승(師)의 공(功)이 아닌(非) 것이 없다(莫).

四字小學 사자소학 365

非	비	아닐 비
爾	이	너 이
自	자	스스로 자
行	행	다닐/행할 행
惟	유	생각할/오직 유
師	사	스승 사
導	도	인도할 도
之	지	갈/어조사 지

네가(爾) 스스로(自) 행함(行)이 아니라(非)
오직(惟) 스승(師)이 그것(之)을 인도함(導)이라.

其	기	그 기
恩	은	은혜 은
其	기	그 기
功	공	공 공
亦	역	또 역
如	여	같을 여
天	천	하늘 천
地	지	따/땅 지

그(其) 은혜(恩) 그(其) 공(功)이
또한(亦) 하늘(天)과 땅(地) 같음(如)이라.

스승 편

始 시 비로소 시
習 습 익힐 습
文 문 글월 문
字 자 글자 자

字 자 글자 자
畫 획 그림 화 / 그을 획
楷 해 본보기/바를 해
正 정 바를 정

처음(始) 문자(文字)를 익히거든(習)
글자(字)의 획(畫)을 바르게(楷正) 하라.

書 서 글 서
冊 책 책 책
狼 낭 이리/어지러울 랑
藉 자 깔 자

每 매 매양 매
必 필 반드시 필
整 정 가지런할 정
頓 돈 조아릴/갖출 돈

서책(書冊)이 어지럽게(狼) 깔려(藉) 있거든
매번(每) 반드시(必) 가지런히(整) 갖추어라(頓).

스승 편 · 69

四字小學 사자소학 365

先 선 먼저 선
生 생 날 생
施 시 베풀 시
敎 교 가르칠 교

弟 제 아우 제
子 자 아들 자
是 시 이/옳을 시
則 칙 법칙/본받을 칙

선생님(先生)이 가르침(敎)을 베푸시면(施)
제자(弟子)는 이것(是)을 본받아라(則).

勤 근 부지런할 근
勉 면 힘쓸 면
工 공 장인 공
夫 부 지아비 부

父 부 아비 부
母 모 어미 모
悅 열 기쁠 열
之 지 갈/어조사 지

부지런히(勤勉) 공부(工夫)하면
부모(父母)님께서는 그것을(之) 기뻐하(悅)시니라.

스승 편

師	사	스승 사
乏	핍	모자랄/부족할 핍
衣	의	옷 의
衾	금	이불 금
卽	즉	곧 즉
必	필	반드시 필
獻	헌	드릴 헌
之	지	갈/어조사 지

스승(師)이 옷(衣)과 이불(衾)이 부족하면(乏)
곧(卽) 반드시(必) 그것(之)을 드리고(獻),

師	사	스승 사
有	유	있을 유
疾	질	병 질
病	병	병 병
卽	즉	곧 즉
必	필	반드시 필
藥	약	약 약
之	지	갈/어조사 지

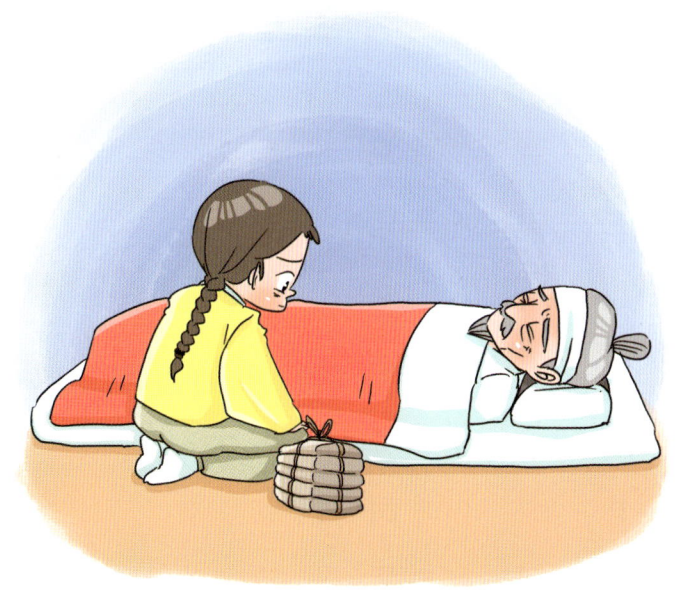

스승(師)이 질병(疾病)이 있으면(有)
곧(卽) 반드시(必) 그것(之)에 약(藥)을 써라.

四字小學 사자소학 365

遠 원 멀 원
惡 악 악할 악
近 근 가까울 근
善 선 착할 선

知 지 알 지
過 과 지날/잘못 과
必 필 반드시 필
改 개 고칠 개

악(惡)을 멀리하고(遠) 선(善)을 가까이(近) 하며,
잘못(過)을 알면(知) 반드시(必) 고치며(改),

敏 민 민첩할/힘쓸 민
而 이 말이을 이
好 호 좋을 호
學 학 배울 학

不 불 아니 불
恥 치 부끄러울 치
下 하 아래 하
問 문 물을 문

힘써서(敏) [그래서(而)] 배움(學)을 좋아하고(好),
아랫(下)사람에 묻기(問)를 부끄러워(恥)하지 마라(不).

스승 편

人 인 사람 인
無 무 없을/않을 무
修 수 닦을 수
學 학 배울 학

冥 명 어두울 명
如 여 같을 여
夜 야 밤 야
行 행 다닐 행

사람(人)이 배움(學)을 닦지(修) 않으면(無),
어둡기(冥)가 밤(夜)에 다니는(行) 것과 같다(如).

師 사 스승 사
父 부 아비 부
一 일 한 일
體 체 몸 체

各 각 각각 각
宜 의 마땅 의
勉 면 힘쓸 면
之 지 갈/어조사 지

스승(師)과 부모(父)는 한(一) 몸(體)이니,
각각(各) 마땅히(宜) 그(之) 은혜 갚음에 힘써라(勉).

四字小學 사자소학 365

飽	포	배부를 포
食	식	밥/먹을 식
煖	난	더울/따뜻할 난
衣	의	옷/입을 의
逸	일	편안할 일
居	거	살 거
無	무	없을 무
敎	교	가르칠 교

배부르게(飽) 먹고(食) 따뜻하게(煖) 입고(衣)
편안하게(逸) 거하면서(居) 가르침(敎)이 없으면(無),

卽	즉	곧 즉
近	근	가까울 근
禽	금	새 금
獸	수	짐승 수
聖	성	성인 성
人	인	사람 인
憂	우	근심 우
之	지	갈/어조사 지

곧(卽) 새(禽)나 짐승(獸)에 가까우니(近),
성인(聖人)은 그것(之)을 근심하시(憂)니라.

사람의 도리 편

作	작	지을/이룰 **작**
事	사	일 **사**
謀	모	꾀 **모**
始	시	비로소/시작 **시**
出	출	날 **출**
言	언	말씀 **언**
顧	고	돌아볼 **고**
行	행	다닐/행할 **행**

일(事)을 이룰(作) 때는 잘 꾀하여(謀) 시작하고(始),
말(言)이 나가면(出) 행동(行)을 돌아보라(顧).

常	상	떳떳할/항상 **상**
德	덕	덕 **덕**
固	고	굳을 **고**
持	지	가질 **지**
然	연	그럴 **연**
諾	낙	허락할 **낙**
重	중	무거울 **중**
應	응	응할 **응**

항상(常) 덕(德)을 굳게(固) 가지고(持),
그러함(然)을 허락할(諾) 때는 신중히(重) 응하라(應).

四字小學 사자소학 365

晝 주 낮 주
耕 경 밭갈 경
夜 야 밤 야
讀 독 읽을 독

盡 진 다할 진
事 사 일 사
待 대 기다릴 대
命 명 목숨/천명 명

낮(晝)에는 밭을 갈고(耕) 밤(夜)에는 글을 읽고(讀),
할 일(事)을 다하고(盡) 천명(命)을 기다려라(待).

禮 예 예도 례
義 의 옳을 의
廉 염 청렴할 렴
恥 치 부끄러울 치

是 시 이/옳을 시
謂 위 이를 위
四 사 넉 사
維 유 벼리 유

예절(禮)과 옳음(義)·청렴함(廉)·부끄러움(恥)을 아는 마음,
이것(是)을 사유(四維)라 이른다(謂).

元	원	으뜸 원
亨	형	형통할 형
利	이	이할 리
貞	정	곧을 정

天	천	하늘 천
道	도	길/도리 도
之	지	갈/어조사 지
常	상	떳떳할/항상 상

원(元)·형(亨)·이(利)·정(貞)은
하늘(天)의 도리(道)인(之) 항상(常) 변치 않음이요,

仁	인	어질 인
義	의	옳을 의
禮	예	예도 례
智	지	지혜 지

人	인	사람 인
性	성	성품 성
之	지	갈/어조사
綱	강	벼리 강

어짊(仁)·옳음(義)·예절(禮)·지혜(智)는
사람(人) 성품(性)의(之) 벼리(綱)이다.

四字小學 사자소학 365

積 적 쌓을 적
德 덕 덕 덕
之 지 갈/어조사 지
家 가 집 가

必 필 반드시 필
有 유 있을 유
餘 여 남을 여
慶 경 경사 경

덕(德)을 쌓은(積之) 집은(家)
반드시(必) 여유로운(餘) 경사(慶)가 있고(有),

積 적 쌓을 적
惡 악 악할 악
之 지 갈/어조사 지
家 가 집 가

必 필 반드시 필
有 유 있을 유
餘 여 남을 여
殃 앙 재앙 앙

악(惡)을 쌓은(積之) 집(家)은
반드시(必) 남아있는(餘) 재앙(殃)이 있다(有).

사람의 도리 편

君	군	임금 군
爲	위	할/될 위
臣	신	신하 신
綱	강	벼리 강
父	부	아비 부
爲	위	할/될 위
子	자	아들 자
綱	강	벼리 강

임금(君)은 신하(臣)의 벼리(綱)가 되고(爲),
부모(父)는 자식(子)의 벼리(綱)가 되고(爲),

夫	부	지아비/남편 부
爲	위	할/될 위
婦	부	며느리/부인 부
綱	강	벼리 강
是	시	이/옳을 시
謂	위	이를 위
三	삼	석 삼
綱	강	벼리 강

남편(夫)은 부인(婦)의 벼리(綱)가 되니(爲),
이것(是)을 삼강(三綱)이라 이른다(謂).

四字小學 사자소학 365

父	부	아비 부
子	자	아들 자
有	유	있을 유
親	친	친할 친
君	군	임금 군
臣	신	신하 신
有	유	있을 유
義	의	옳을 의

부모(父)와 자식(子)은 친함(親)이 있고(有),
임금(君)과 신하(臣)는 의로움(義)이 있고(有),

夫	부	지아비/남편 부
婦	부	며느리/아내 부
有	유	있을 유
別	별	다를/분별 별
長	장	긴/어른 장
幼	유	어릴/아이 유
有	유	있을 유
序	서	차례 서

남편(夫)과 아내(婦)는 분별(別)이 있고(有),
어른(長)과 아이(幼)는 차례(序)가 있고(有),

사람의 도리 편

朋	붕	벗 붕
友	우	벗 우
有	유	있을 유
信	신	믿을 신
是	시	이/옳을 시
謂	위	이를 위
五	오	다섯 오
倫	륜	인륜 륜

벗(朋友) 사이에는 믿음(信)이 있으니(有),
이(是)를 오륜(五倫)이라 이른다(謂).

人	인	사람 인
所	소	바 소
以	이	써 이
貴	귀	귀할 귀
以	이	써 이
其	기	그 기
倫	윤	인륜 륜
綱	강	벼리 강

사람(人)이 귀한(貴) 까닭은(所以)
그(其) 오륜(倫)과 삼강(綱) 때문(以)이니라.

*所以 : 까닭. 이유.

四字小學 사자소학 365

視	시	볼 시
必	필	반드시 필
思	사	생각 사
明	명	밝을 명
聽	청	들을 청
必	필	반드시 필
思	사	생각 사
聰	총	귀밝을 총

볼(視) 때는 반드시(必) 밝음(明)을 생각하고(思),
들을(聽) 때는 반드시(必) 귀밝음(聰)을 생각하며(思),

色	색	빛 색
必	필	반드시 필
思	사	생각 사
溫	온	따뜻할 온
貌	모	모양 모
必	필	반드시 필
思	사	생각 사
恭	공	공손할 공

낯빛(色)은 반드시(必) 온화함(溫)을 생각하고(思),
용모(貌)는 반드시(必) 공손함(恭)을 생각하며(思),

사람의 도리 편

言 언 말씀 언
必 필 반드시 필
思 사 생각 사
忠 충 충성 충

事 사 일 사
必 필 반드시 필
思 사 생각 사
敬 경 공경 경

말(言)은 반드시(必) 정성(忠)을 생각하고(思),
일(事)은 반드시(必) 공경(敬)을 생각하며(思),

疑 의 의심할 의
必 필 반드시 필
思 사 생각 사
問 문 물을 문

忿 분 성낼 분
必 필 반드시 필
思 사 생각 사
難 난 어려울 난

의심(疑)나면 반드시(必) 물을(問) 것을 생각하고(思),
성나면(忿) 반드시(必) 어려움(難)을 생각하며(思),

四字小學 사자소학 365

見	견	볼 견
得	득	얻을 득
思	사	생각 사
義	의	옳을 의
是	시	이/옳을 시
謂	위	이를 위
九	구	아홉 구
思	사	생각 사

얻는(得) 것을 보면(見) 의로움(義)을 생각하니(思),
이(是)를 구사(九思)라 이른다(謂).

足	족	발 족
容	용	얼굴/모양 용
必	필	반드시 필
重	중	무거울 중
手	수	손 수
容	용	얼굴/모양 용
必	필	반드시 필
恭	공	공손할 공

발(足) 모양(容)은 반드시(必) 무겁게(重) 하며,
손(手) 모양(容)은 반드시(必) 공손하게(恭) 하며,

頭	두	머리 두
容	용	얼굴/모양 용
必	필	반드시 필
直	직	곧을 직

目	목	눈 목
容	용	얼굴/모양 용
必	필	반드시 필
端	단	끝/바를 단

머리(頭) 모양(容)은 반드시(必) 곧게(直) 하며,
눈(目) 모양(容)은 반드시(必) 바르게(端) 하며,

口	구	입 구
容	용	얼굴/모양 용
必	필	반드시 필
止	지	그칠 지

聲	성	소리 성
容	용	얼굴/모양 용
必	필	반드시 필
靜	정	고요할 정

입(口) 모양(容)은 반드시(必) 다물어 그치고(止),
소리(聲) 모양(容)은 반드시(必) 고요히(靜) 하며,

四字小學 사자소학 365

氣 기 기운 기
容 용 얼굴/모양 용
必 필 반드시 필
肅 숙 엄숙할 숙

立 립 설 립
容 용 얼굴/모양 용
必 필 반드시 필
德 덕 덕 덕

기운(氣) 모양(容)은 반드시(必) 엄숙히(肅) 하며,
서있는(立) 모양(容)은 반드시(必) 덕(德)이 있게 하며,

色 색 빛 색
容 용 얼굴/모양 용
必 필 반드시 필
莊 장 씩씩할 장

是 시 이/옳을 시
謂 위 이를 위
九 구 아홉 구
容 용 얼굴/모양 용

얼굴색(色) 모양(容)은 반드시(必) 씩씩하게(莊) 하니,
이(是)를 구용(九容)이라 이른다(謂).

사람의 도리 편

德	덕	덕 덕
業	업	업/일 업
相	상	서로 상
勸	권	권할 권

過	과	지날/허물 과
失	실	잃을/잘못 실
相	상	서로 상
規	규	법/바로잡을 규

덕(德)이 있는 일(業)은 서로(相) 권하고(勸),
허물(過)과 잘못(失)은 서로(相) 바로잡고(規),

禮	예	예도 례
俗	속	풍속 속
相	상	서로 상
交	교	사귈 교

患	환	근심 환
難	난	어려울 난
相	상	서로 상
恤	휼	불쌍할/도울 휼

예(禮)있는 풍속(俗)은 서로(相) 사귀고(交),
근심(患)과 어려움(難)은 서로(相) 도와라(恤).

四字小學 사자소학 365

貧	빈	가난할 빈
窮	궁	다할/궁할 궁
困	곤	곤할 곤
厄	액	액/재앙 액
親	친	친할 친
戚	척	친척 척
相	상	서로 상
救	구	구원할 구

가난한(貧) 어려움(窮)과 곤란한(困) 재앙(厄)에
친척(親戚)이 서로(相) 구원하며(救),

婚	혼	혼인할 혼
姻	인	혼인 인
死	사	죽을 사
喪	상	잃을 상
隣	린	이웃 린
保	보	지킬/도울 보
相	상	서로 상
助	조	도울 조

혼인(婚姻)과 죽음(死喪)의 일에는
이웃(隣)이 돕고(保) 서로(相) 도와라(助).

修 수 닦을 수
身 신 몸 신
齊 제 가지런할 제
家 가 집 가

治 치 다스릴 치
國 국 나라 국
之 지 갈/어조사 지
本 본 근본 본

몸(身)을 닦고(修) 집(家)을 가지런히(齊) 함은
나라(國)를 다스리(治)는(之) 근본이요(本),

讀 독 읽을 독
書 서 글/책 서
勤 근 부지런할 근
儉 검 검소할 검

起 기 일어날 기
家 가 집 가
之 지 갈/어조사 지
本 본 근본 본

책(書)을 읽고(讀) 부지런하고(勤) 검소함(儉)은
집(家)을 일으키(起)는(之) 근본(本)이라.

四字小學 사자소학 365

忠 충 　충성 충
信 신 　믿을 신
慈 자 　사랑 자
祥 상 　상서/좋을 상

溫 온 　따뜻할 온
良 량 　어질 량
恭 공 　공손할 공
儉 검 　검소할 검

충성(忠)과 믿음(信)과 사랑(慈)과 좋은(祥) 맘으로
온순하고(溫) 어질며(良) 공손하고(恭) 검소하라(儉).

人 인 　사람 인
之 지 　갈/어조사 지
德 덕 　덕 덕
行 행 　다닐/행할 행

謙 겸 　겸손할 겸
讓 양 　사양할 양
爲 위 　할/될 위
上 상 　윗/첫째 상

사람(人)의(之) 덕(德) 있는 행위(行)는
겸손(謙)과 양보(讓)가 첫째(上)가 된다(爲).

사람의 도리 편

莫	막	없을/말 막
談	담	말씀 담
他	타	다를/남 타
短	단	짧을/단점 단
靡	미	쓰러질/말 미
恃	시	믿을 시
己	기	몸/자기 기
長	장	긴/장점 장

남(他)의 단점(短)을 말하지(談) 말고(莫),
자기(己)의 장점(長)을 믿지(恃) 말며(靡),

己	기	몸/자기 기
所	소	바 소
不	불	아니 불
欲	욕	하고자욕자할 욕
勿	물	말 물
施	시	베풀/옮길 시
於	어	어조사 어
人	인	사람/남 인

자기(己)가 하고자(欲) 않는(不) 바(所)를
남(人)에게(於) 옮기지(施) 마라(勿).

四字小學 사자소학 365

損 손 덜/해할 손
人 인 사람/남 인
利 리 이할 리
己 기 몸/자기 기

終 종 마칠 종
是 시 이/옳을 시
自 자 스스로 자
害 해 해할 해

남(人)을 해하고(損) 자기(己)만 이롭게(利)하면,
마침내(終) 스스로(自)를 해하는(害) 것이다(是).

禍 화 재앙 화
福 복 복 복
無 무 없을 무
門 문 문 문

惟 유 생각할/오직 유
人 인 사람 인
所 소 바 소
召 소 부를 소

재앙(禍)과 복(福)은 문(門)이 없어(無),
오직(惟) 사람(人)이 부르는(召) 바(所)대로 온다.

사람의 도리 편

嗟	차	탄식할 차
蹉	차	미끄러질 차
小	소	작을 소
子	자	아들 자
敬	경	공경 경
受	수	받을 수
此	차	이 차
書	서	글/책 서

오오(嗟蹉) 소자(小子)들아
공경히(敬) 이(此) 책(書)을 받아라(受).   *小子 : 어린아이.

非	비	아닐 비
我	아	나 아
言	언	말씀 언
耄	모	늙은이 모
惟	유	생각할/오직 유
聖	성	성인 성
之	지	갈/어조사 지
謨	모	꾀/가르침 모

나(我)의 이 말(言)은 늙어서(耄)가 아니라(非)
오직(惟) 성인(聖)의(之) 가르침(謨) 이니라.

배정한자 해설

四字小學 사자소학 365

- 可(옳을/가히 가)35 : 자루가 있는 **연장**(ㄱ=丂=丁)을 들고 **입**(口)으로 하는 **신호나 노래**에 맞추어 일의 '시작'이나 '허락'함을 뜻하거나, 노동을 돕는 데서 '**가히**' '**옳음**'을 뜻한다. 歌(가)의 본자. 丂(고)는 지팡이종류.
- 家(집 가)41 : 집(宀) 아래 **돼지**(豕)를 기르면서, 뱀이나 독충을 막던 옛날 '**집**'의 형태를 나타낸다.
- 各(각각 각)43 : 각자 자기 움집(口)에 돌아가는(夂) 데서, '**각각**' '**여러**' '**따로**'가 된다.
- 諫(간할 간)49 : 윗사람에게 선악(善惡)을 가리어(柬) 말함(言)에서 '**간하다**'의 뜻이 된다.
- 曷(어찌 갈)8 : 망하거나 없어(亡=匃) 사람(人=勹)에게 구걸하여(匃=丐:빌 개·갈) 말을(曰) 함에서 '**크게 외침**'을 뜻하며, 어려운 형편에서 벗어날 것을 궁리하는 데서 '**어찌**' '**언제**' '**구함**'을 뜻한다.
- 敢(감히/구태여 감)19 : 무기를 들고 사냥하는 모양, 두 손으로 서로 다투는 모양, 과감히 입으로 무는 모양 등으로 '**감히**' '**용감함**'을 뜻한다. [파자] 제물 만들(工) 짐승의 귀(耳)를 '용감하게' 쳐서(攵) 잡음.
- 剛(굳셀 강)40 : 칼(刀)로 산등성이(岡) 같은 큰 그물을 자를 만큼 강하고 '**굳셈**'을 뜻한다. [참고] 岡(산등성이 강) : 그물(网·冂)을 펼쳐 놓은 것 같은 산(山)마루 '산등성이'에서 '크고' '굳셈'을 뜻한다.
- 綱(벼리 강)77 : 산 위 산등성이(岡)처럼 그물 윗부분을 버텨주는 강한 줄(糸)인 '**벼리**'를 뜻한다.
- 皆(다 개)62 : 여러 사람(比)이 함께 말(曰=白)을 함에서 '**다**' '**모두**'를 뜻한다.
- 改(고칠 개)72 : 어린아이(巳=己)를 때려(攵) 잘못을 '**고침**'을 뜻한다. 잘못된 몸(己)을 쳐서(攵) '고쳐' 잡음.
- 開(열 개)12 : 문(門)의 빗장(一)을 두 손(卄)으로 여는 데서 '**열다**'가 뜻이 된다.
- 居(살 거)74 : 몸(尸)이 오래(古) 머물러 있음에서 '**살다**' '**앉다**'가 된다.
- 踞(걸터앉을/웅크릴 거)10 : 발(足)을 웅크리고 앉아있거나, 발(足)로 걸터앉은(居) 데서 '**걸터앉다**' '**웅크리다**'를 뜻한다.
- 褰(들/올릴 건)29 : 바지 틈(寒:틈 하)이나 옷(衣)자락의 틈을 추어올리거나 들어 올리는 데서 '**올리다**' '**추다**' '**들다**'를 뜻한다. [참고] 寒(틈 하) : 집(宀) 벽(茻)이 갈라진(八) 사이에서 '틈'을 뜻한다.
- 儉(검소할 검)89 : 모든(僉) 면에서 절약하는 사람(亻)에서 '**검소함**'을 뜻한다. [참고] 僉(다 첨) : 많은 사람(从)이 모여(亼) 시끄럽게 말함(吅:시끄러울 현)에서 '다' '모두'의 의미로 쓰인다.
- 見(볼 견/뵈올 현)84 : 사람(儿)이 눈(目)을 크게 뜨고 자세히 '**보거나**' '**감상함**'을 뜻한다.
- 謙(겸손할 겸)90 : 남을 존중하여 서로의 마음을 나란히(兼)하여 하는 말(言)에서 '**겸손하다**'를 뜻한다. [참고] 兼(겸할 겸) : 벼 두 포기(秝)를 똑같이 겹쳐 나란히 손(彐)으로 잡은 모습으로 '**겸하다**'를 뜻한다.
- 敬(공경 경)93 : 머리장식(卄)한 제사장이나 귀족이 몸을 숙이고(句) 조심히 '**공경**'(苟:경계할 극)하는 모양으로, 쳐서(攵) 다스려 '공경'하게 함을 뜻한다. 苟(극)이 苟(구)처럼 잘못 쓰였다.
- 耕(밭갈 경)76 : '井'자 모양으로 정비된 정전(井田)을 쟁기(耒)로 파서 뒤엎는 데서 '**밭 갈다**'를 뜻한다.
- 慶(경사 경)78 : 경사에 쓰이던 짐승(鹿)의 심장(心)이나, 사슴(鹿)을 들고, 마음(心)으로 가서(攵) 축하하는 데서 '**경사**'를 뜻한다. [참고] 比(비)는 'ㄱ'로 변형.
- 鷄(닭 계)20 : 노예(奚)처럼 갇혀 기르던 새(鳥)종류인 '**닭**'을 뜻한다. [파자] 손(爫) 같은 머리와 작은(幺)

배정한자 해설

목에 큰(大) 엉덩이를 가진 새(鳥)인 '닭'을 뜻한다. 참고 奚(어찌 해) : 손(爫)에 잡힌, 끈(糸=幺)에 묶인 사람(大)에서 '노예'를 뜻하며, 묶여 어찌할 수 없는 노예에서 '어찌'를 뜻한다.

- **高(높을 고)7** : 누대 위에 '높은' 집으로, 지붕(亠), 구조물(口), 누대(冂), 출입구나 창고(口)의 구조인 망루.
- **告(고할 고/청할 곡)24** : 소(牛)가 울어(口) '알림', 소머리(牛)를 제단(口)에 올려 신에게 '고함', 소머리(牛)를 걸어 함정(口)을 알림 등과 같이 여러 설이 있다. '알리다' '고하다' '청하다'가 본뜻으로 쓰인다.
- **叩(두드릴 고)31** : 꿇어앉아(卩) 정성스럽게 상대에게 물어(口) 뜻을 떠보는 데서 '두드리다'를 뜻한다.
- **固(굳을 고)75** : 성(城)이나 귀한 물건의 사면(囗)을 막아 오래(古)도록 단단히 지켜 막음에서 '굳다'가 된다.
- **顧(돌아볼 고)75** : 봄에 문(戶)에서 우는 뻐꾸기(隹) 소리를 듣고 머리(頁)를 돌려 농사철이 왔음을 확인하고 농사를 시작함에서 '돌아보다'를 뜻한다.
- **困(곤할 곤)88** : 사방(囗)이 막혀 크기 '곤한' 나무(木). 출입구(囗)를 막은 나무(木)로 출입을 '곤하게' 함을 뜻하거나, 집안(囗)의 큰 나무(木) 기둥이 무너져 내려 '곤란'함 등의 학설이 있다.
- **骨(뼈 골)42** : 고기(月)가 뼈(冎:살 발라낼 과)에 남아 있는 모습으로 '뼈'를 뜻한다.
- **工(장인 공)70** : 정교하게 일을 하기 위한 장인의 도구로, 물건을 자르는 도구나 재는 자, 또는 흙을 다지는 도구 등에서 '장인' '도구' '기능' '재주' '만들다'를 뜻한다.
- **功(공 공)67** : 장인(工)이 힘(力)을 다하여 일하는 데서, 일의 '공' '명예'를 뜻한다.
- **恭(공손할 공)43** : 마음(忄)을 함께(共)하는 데서 정성을 다해 조심하고 삼가하여 '공손함'을 뜻한다.
- **果(실과 과)27** : 나무(木)에 열린 과일(田) 모양으로, '실과' '과일' '결과'를 나타낸다. 참고 밭(田)에 심어 가꾸는 나무(木)열매인 '실과'는, '파자(破字)'식 설명이다.
- **過(지날/잘못/허물 과)72** : 앙상한 뼈(咼)가 있는 죽음의 길을 지나감(辶)에서 '지나다' '잘못' '허물'을 뜻한다.
- **稞(보리/곡식 과)17** : 벼(禾)나 과일(果)처럼 줄기 끝에 열매를 맺는 '보리'에서 '곡식'을 뜻한다.
- **盥(씻을 관)20** : 양손(臼:양손 국)을 물(水)을 담은 그릇(皿)에 씻는데서 '씻다' '세수하다'를 뜻한다.
- **廣(넓을 광)39** : 사방에 벽이 없어, 집(广) 안이 누렇고(黃) 넓게 보이는 데서 '넓다'를 뜻한다.
- **交(사귈 교)87** : 사람의 발이 엇갈려 있는 데서 '섞이다' '바뀌다' '서로' '사귀다'를 뜻한다.
- **敎(가르칠 교)74** : 아이(子)가 산가지(爻)로 셈을 배울 때(教=孝:배울 교) 때리거나(攵) 다스려 '가르침'을 뜻한다. ※教:俗字(속자).
- **懼(두려워할 구)26** : 마음(忄)에 놀라, 새(隹)처럼 두 눈을 좌우로(䀠:좌우로 볼 구) 살피며 보는(瞿: 볼 구) 데서 '두려워함'을 뜻한다.
- **求(구할 구)31** : 옷(衣)이 십(十)자로 변하고 털(丶丶丶)이 있는 가죽옷으로, 가죽 털옷을 '구하다'를 뜻한다.
- **救(구원할 구)88** : 가죽 털옷(求)을 쓴 사나운 짐승을 쳐서(攵) 잡아 사람을 구해줌에서 '구원하다'를

四字小學 사자소학 365

뜻한다.
- 口(입 구)13 : '입' 모양으로 먹는 일이나 소리를 뜻하고, 사람을 세는 단위나 '구멍'을 뜻하기도 한다.
- 九(아홉 구)86 : 팔이나 꼬리가 굽듯 많이 구부러진 물체에서, 숫자의 가장 많은 끝에서 '아홉'을 나타낸다.
- 鞠(성/국문할 국)6 : 가죽(革)을 둥글게 움켜쥔(匊) 모양의 '공'으로, 중죄인을 다스리던 '국문'을 뜻하며, 가죽(革)을 감싸 뭉쳐(匊) 공을 만드는데서 '기르다'를 뜻한다. 참고 匊(움킬 국):쌀(米)을 감싸(勹) '움켜쥐고'있음을 뜻한다.
- 國(나라 국)38 : 일정한 구역(或)보다 넓은 둘레(囗)로 싸인 '나라'를 뜻한다.
- 君(임금 군)36 : 손(彐)에 지휘용 도구(丿)를 들고 입(口)으로 일을 다스리는(尹) '임금'을 뜻한다.
- 窮(다할/궁할 궁)88 : 활(弓)처럼 몸(身)을 굽혀 좁은 굴(穴)의 끝에 다다름에서 '다하다' '궁하다'를 뜻한다.
- 勸(권할 권)87 : 황새(藿)가 끈기 있게 먹이를 노려 힘써(力) 사냥하는 것처럼 '힘쓰도록' '권함'을 뜻한다. 참고 藿(황새 관) : 머리에 뿔 털(丱=艹)과 큰 눈(䀠=吅)이 있는 물가에 사는 새(隹) '황새, 백로'나 '수리'를 뜻한다.
- 跪(꿇어앉을 궤)17 : 발(足)을 굽혀 위태롭게(危) 앉은 데서 '꿇어앉다'를 뜻한다. 참고 危(위태할 위) : 언덕(厂) 위의 사람(⺈)과 아래 꿇어앉은(㔾) 사람 모두 위태로운 데서 '위태롭다'를 뜻한다.
- 歸(돌아갈 귀)27 : 사용하던 비(帚)나 물건을 쌓아(自=堆:쌓을 퇴) 들고 시댁으로 가는(止=之) 데서 '돌아가다'를 뜻한다. 파자 비(帚)로 쓸어 쓰레기를 쌓아(自) 청소를 마치고(止) '돌아감'을 뜻한다.
- 貴(귀할 귀)81 : 두 손(臼)으로 도구(人)나 삼태기(臾=虫:잠깐/만류할 유)에 흙이나 귀한 재물(貝)을 다스려 귀하게 함에서 '귀하다'를 뜻한다. 파자 인생 가운데(中) 한(一) 가지 귀한 재물(貝)에서 '귀함'을 뜻한다.
- 規(법/바로잡을 규)87 : 아이와 달리 지아비나 장부(夫)는 모범을 보인다(見)는 데서 '법' '그림쇠' '원' '바로잡다'를 뜻한다. 참고 夫(지아비/남편 부)
- 極(다할/극진할 극)8 : 사람(亻)이 사이(二)에 끼어 소리(口)내며 손(又)짓하여 위급함을 '빨리(亟: 빠를 극)' 알리듯, 물체 사이에 끼어 지붕을 받치는 나무(木)기둥의 양끝에서 '다하다' '극진함'을 뜻한다.
- 根(뿌리 근)44 : 위로 자라는 나무(木) 줄기와 반대로 땅속으로 거슬러(艮) 자라는 '뿌리'를 나타낸다.
- 近(가까울 근)60 : 도끼(斤)로 하는 일은 거리가(辶) 가까워야 하는 데서 '가깝다'를 뜻한다.
- 勤(부지런할 근)89 : 어려운(堇:진흙 근) 일을 힘써(力) 하는 데서 '부지런함'을 뜻한다.
- 禽(새 금)35 : 자루(内)달린 그물(凶)로 날짐승을 덮어(今=亼) 잡는 데서 '날짐승'인 '새'를 뜻한다. 참고 '内(유)'는 긴 자루나 긴 꼬리를 나타낼 때 주로 쓰인다.
- 衾(이불 금)71 : 잘 때 덮는(今) 옷(衣)이라는 뜻으로 '이불'을 뜻한다.
- 及(미칠 급)34 : 앞에 가는 사람(人=𠂉)을 쫓아 손(又)으로 잡는 데서 '미치다' '이르다'를 뜻한다.
- 器(그릇 기)28 : 여러 가지 그릇(㗊)을 개(犬)가 지키는 모습으로 '그릇'을 뜻한다. ※㗊:뭇입 즙.

배정한자 해설

- 其(그 기)30 : 키(甘)와 받침대(丌)를 그려 키(箕)를 뜻하다, 일정한 장소에 두는 '키'에서 '그'로 쓰였다.
- 欺(속일 기)30 : 항상 일정한 장소에 있는 키(其)처럼 꼭 지킬 것처럼 입을 벌려(欠) '속임'을 뜻한다.
- 己(몸/자기 기)37 : 주살이나, 여러 실을 묶는 중심 몸인, 벼리가 되는 '굽은' 실에서 '몸' '자기'를 뜻한다. 참고 己(기)는 아이 모양인 '巳(사)'나, 뱃속에서 이미 다 자란 아이인 '巳'와 혼용한다.
- 氣(기운 기)86 : 쌀(米)로 밥을 할 때 수증기가 하늘의 띠구름(气)처럼 올라오는 데서 '기운' '기'를 뜻한다.
- 豈(어찌 기)55 : 제기(豆) 모양 군용 악기에 높은 산(山)을 장식한 것으로, 싸움에서 이기고 행진하는 모습에서 '개선'을 뜻하며, 싸움에 이김이 '어찌' 즐겁지 않은가의 의미로 뜻이 변해 쓰인다.
- 起(일어날 기)11 : 몸(己)이 일어나 서서 가는(走) 데서 '일어나다'를 뜻한다. ※본래 '己'는 '巳'의 변형.
- 諾(허락할 낙)75 : 상대의 말(言)에 응하여 같은(若) 뜻으로 대답하여 '허락함'을 뜻한다. 참고 若(같을 약)
- 煖(더울/따뜻할 난)74 : 불(火)을 가까이 끌어(爰:당길 원) 따뜻하게 하는 데서 '덥다' '따뜻하다'를 뜻한다. 참고 爰(이에/당길 원) : 손(爫)으로 긴 나무(干)를 내려주어 손(又)으로 잡게 하여 끌어당김에서 '돕다' '끌다' '늘어지다'를 뜻하며, 일정한 지점이나 말 아래에 쓰여 '이에' '곧'을 의미한다.
- 難(어려울 난)83 : 노란(堇=莫) 깃을 가진 새(隹)로, 구하기 어려운(堇=莫) 새(隹)에서 '어렵다'를 뜻한다.
- 內(안 내)63 : 집(冂) 안으로 들어가는(入) 데서 '안' '속'을 뜻한다.
- 念(생각 념)25 : 마음(心) 속에 항상 품어 덮고(今) 있는 생각에서, '생각' '외우다'를 뜻한다.
- 怒(성낼 노)10 : 어려운 일을 해야 하는 노예(奴)의 화난 마음(心)에서 '성내다'를 뜻한다. 참고 奴(종 노) : 전쟁에서 여자(女)를 손(又)으로 잡아와 '종'이나 '노예'로 삼음을 뜻한다.
- 農(농사 농)39 : 숲 사이 밭(林+田=曲)에서 조개껍질(辰)을 들고 농사일을 하는 데서 '농사'가 뜻이 된다.
- 能(능할 능)34 : 곰 모양의 글자. 파자 사냥을 잘하여 머리(厶)에 고깃덩이(月)를 물고 두 발(匕·匕)로 걷는 곰으로 둔해 보이나 끈기 있고 영리하여 '능하다' '견디다'를 뜻한다.
- 泥(진흙 니)59 : 중국 감숙성(甘肅省)에 있는 강 이름. 물(氵)에 가까이(尼) 있어 진창이 된 '진흙'을 뜻한다. 참고 尼(여승 니) : 사람의 몸(尸)에 기대어 비스듬히 기울어(匕) 기대고 있어 '친하다' '가깝다'의 뜻이나, 범어(梵語)의 [bhiksùbhikkhu 비구니(比丘尼)]의 약자로 尼(니)를 쓰면서 '여승'을 뜻한다.
- 多(많을 다)64 : 제육(肉=月=夕)을 많이 쌓아 놓은 모습으로 '많다'를 뜻한다.
- 端(끝/바를 단)85 : 처음(耑) 싹터 나올 때 끝이 바르게 서서(立) 나오는 데서 '바르다' '끝' '실마리'를 뜻한다. 참고 耑(시초 단) : 수염(而) 같은 초목의 뿌리에서 싹(屮=山)이 처음 땅을 뚫고 올라오는 데서 '시초' '구멍'을 뜻한다.

四字小學 사자소학 ③⑥⑤

- 短(짧을/단점 단)91 : 척도(尺度)를 화살(矢)로 재는데 **재기그릇**(豆)은 화살로 재기에 그 길이가 '**짧음**' '**단점**'을 뜻한다. 또 豆(두)로 곡식 양을 잴 때 위를 밀듯, **화살**(矢)을 만들 때 '**짧은**' 것을 기준으로 잘라냄.
- 談(말씀 담)13 : 밝은 **불꽃**(炎)처럼 서로의 밝은 마음으로 담백하게 말(言)함에서 '**말씀**' '**이야기**'를 뜻한다.
- 答(대답 답)10 : 대(竹)를 합하여(合) '배를 엮는 끈'을 뜻하였으나, 배처럼 엮은 죽간에 답장을 쓰던 데서 '대답'을 뜻한다. 참고 合(합할 합)
- 堂(집 당)29 : 흙(土)을 다져 터를 잡고 그 위에 높게(尙) 지은 건축물인 '집'을 뜻한다.
- 當(마땅/당할 당)64 : 밭(田)이 높고(尙) 낮음, 크고 적음 등 모든 면이 '대등'한 데서 '당하다' '맞다' '마땅하다'를 뜻한다. 참고 尙(오히려 상) : **지붕**(向) 위를 **넓혀**(八) 높게 지은 집이나 환기구에서 연기가 **나뉘어**(八) 높게 올라가는 모양 등에서 일반적인 것보다 '**오히려**' '**높음**'을 뜻한다.
- 待(기다릴 대)76 : 사람이 많은 **관청**이나 절(寺)에서 일을 보기 위해 서성이며(彳) '**기다림**'을 뜻한다. 참고 寺(절 사) : 손(寸)과 발(止=之=土)을 부지런히 움직여 **대중**을 위해 일하던 '**관청**'이나 '**절**'을 뜻한다.
- 大(큰 대)13 : 팔을 벌리고 **우뚝 선 사람**에서 '**크다**'란 뜻이 된다. 점점 커진 사람인 **어른**이란 뜻도 있다.
- 帶(띠 대)19 : 수건을 **겹친**(帯) **허리띠**(一)에 여러 **패옥**(丨丨丨)을 매단 '**띠**'를 뜻한다.
- 德(덕 덕)7 : 정직하고 곧은(直) 큰 마음(心)인 덕(悳=惪=惠)을 **행함**(彳)에서 '**큰 덕**'을 뜻한다. 참고 直(곧을 직) : 눈(目)에 곧은(丨=十) 측량도구와 직각을 그리는 자(ㄴ)로 곧게 그림에서 '**곧다**'를 뜻한다.
- 道(길/도리 도)33 : 사형당한 사람의 **머리**(首)를 많은 사람이 **오고가는**(辶) **사거리**(行)에 놓고 사람의 도리나 법을 어기지 말 것을 경계하여 인도함에서 '**길**' '**도리**' '**법**' '**말하다**' 등을 뜻한다.
- 導(인도할 도)68 : 손(寸)으로 길(道)을 '**인도함**'을 뜻한다.
- 徒(무리 도)48 : 흙(土)을 발(止=)로 밟고 **걷는**(彳) 많은 사람에서 '**무리**'를 뜻한다.
- 讀(읽을 독/구절 두)17 : 글의 뜻을 **통하여**(賣=賣) 이해하고 말(言)로 소리 내어 읽는 데서 '**읽다**'를 뜻한다. 참고 讀(독)·瀆(독)·犢(독)·續(속)·贖(속)의 소전은 賣=賣(팔/행상할 육)자가 **발음부분**이다.
- 頓(조아릴/갖출 돈)69 : 겨우 땅 끝에 내민 **새싹**(屯)처럼 **머리**(頁)를 땅에 대는 데서 '**조아리다**'를 뜻한다. 참고 屯(진칠 둔) : 진 치듯 한 곳에서, **어렵게 땅**(一)을 뚫고 싹(屮=屮)을 틔움에서 '**진 치다**'를 뜻한다.
- 冬(겨울 동)27 : 실의 **양쪽 끝**으로 '**종결**'을 뜻하며, 제일 **뒤쳐오는**(夂) **추운**(冫) 계절에서 '**겨울**'을 뜻한다.
- 東(동녘 동)30 : 양끝을 묶어놓은(米) 자루모양(φ·ө)으로 음이 같아 '**동쪽**'을 나타낸다. 해(日)가 떠오르다 나무(木)에 걸려 있는 모습으로 동쪽을 뜻한다고 한 것은 소전만 보고 잘못 말한 것이다.
- 同(한가지/같을 동)44 : 큰 돌을 들어 **여럿이**(凡) 우물 **입구**(口)를 덮는 모양, **많은**(凡) 사람의 입(口), **그릇**(口)을 **덮은**(凡) 모양 등 학설이 많으나, 다 '**함께**' '**한 가지**' '**같다**'라는 공통의 뜻을 갖는다.

배정한자 해설

- **頭(머리 두)85** : 제기(豆) 모양 같은 **머리**(頁)에서 '**머리**'를 뜻한다.
- **得(얻을 득)31** : **길**(彳)을 다니며 **재물**(貝=旦)을 **손**(寸)으로 구하는 데서 '**얻다**' '**이득**'을 뜻한다.
- **登(오를 등)25** : **제기그릇**(豆)을 들고 **두 발**(癶)로 제단에 오르는 데서 '**오르다**'를 뜻한다.
- **懶(게으를 라)17** : 남자에 힘입어 **의지해**(賴) 사는 **여자**(女)인 嬾(란)이 본자로, **의뢰하는**(賴) 마음(忄)에서 '**게으름**'을 뜻한다. 참고 賴(의뢰할 뢰) : 재물(貝)과 관계되면 마음이 조급하고 **어그러져**(剌)도 '이익'을 얻으려 '**의뢰함**'을 뜻한다. 참고 剌(어그러질 랄) : 매일 쓰는 **칼**(刂)을 **묶어**(束)둠이 이치에 '**어그러짐**'을 뜻한다.
- **樂(즐길 락/노래 악)53** : **나무**(木)에 **줄**(絲)을 매단 현악기를 도구나 **엄지**(白)로 연주하는 데서 '**즐겁다**' '**음악**' '**좋아하다**'를 뜻한다.
- **狼(이리/어지러울 랑)69** : **개**(犭)와 닮고 개보다 사냥 능력이 **좋은**(良) '**이리**'를 뜻하며, 이리저리 날뛰는 이리에서 '**어지럽다**'를 뜻한다. 참고 良(어질 량)
- **來(올 래)52** : 꼿꼿이 서 있는 **보리**의 상형이다. 참고 힘든 보릿고개가 자꾸 오는 데서 '**오다**'를 뜻했다고 한다. 파자 **나무**(木) 아래 **사람들이**(从) 모여들어 '**오다**'가 된다.
- **涼(서늘할 량)27** : **물**(氵)가나 **높은**(京) 곳이 시원함에서 '**서늘하다**'를 뜻한다. 크고(京) 많은 물(氵)이 서늘하여 '**서늘함**'이라고도 한다. 참고 凉(량)은 涼(량)의 俗字(속자).
- **良(어질 량)21** : 집과 집을 이어주는 **회랑 같은 통로** 모양으로 다니기 **편한** 데서 '**좋다**'의 뜻으로 쓰인다.
- **糧(양식 량)17** : 길 떠날 때 먹을 **쌀**(米)을 부족하거나 남지 않게 **헤아려**(量) 가지고 가던 '**양식**'을 뜻한다. 참고 量(헤아릴 량) : **입**(口)벌린 **자루**(東)를 **땅**(土)에 놓고 물건을 헤아리는 데서 '**헤아리다**' '**세다**'를 뜻한다.
- **裂(찢어질 렬)19** : **옷**(衣)을 만들고 남은 천을 찢어 **분해**(列)하여 장식을 만들던 데서 '**찢어지다**'가 된다. 참고 列(벌일 렬) : **칼**(刂)로 **뼈**(歹)와 살을 '**분해**'한다는 뜻으로, 살을 칼로 베어 '**벌리다**'가 뜻이 된다.
- **廉(청렴할 렴)76** : **집**(广)과 **나란히**(兼) 있는 주위의 좁고 각이 진 **가장자리**로, 좁은 곳에서 '**싸다**'를 뜻하고, 바르게 각이 진 곳에서 '**곧다**'를 뜻하여, 검소하고 바른 '**청렴함**'을 뜻한다. 참고 謙(겸) 兼(겸).
- **禮(예도 례)36** : **신**(示)에게 풍성히 **예물**(豊)을 갖춰 제사함에서 '**예절**' '**예도**'를 뜻한다. 참고 豊(굽높은그릇례) : 豐과 달리 그릇(豆)에 **보옥**(玉)을 담아 '**예**'를 갖춤을 뜻하나, 豊과 豐를 구별 없이 쓴다.
- **陋(더러울 루)59** : **언덕**(阝) 사이가 좁아 옆으로 **피해**(匛=匚:옆으로피할 루)갈 정도로 좁고 음습하여 '**더럽다**'를 뜻한다. 참고 '匛'는 전병 굽는 도구(丙)를 상자(匚)에 숨김을 뜻한다. ※ '陋'가 본자.
- **流(흐를 류)44** : 머리가 헝클어진 **어린아이**(㐬:깃발/흐를 류)를 흐르는 **물**(氵)에 떠내려 보내는 데서 '**흐르다**'가 뜻이 된다.
- **類(무리 류)48** : **쌀**(米)이 작고 비슷해 **머리**(頁)로 알기 **어렵듯**(頪:깨달음이 어려울 뢰) **개**(犬)무리가 구분이 **어렵게**(頪) 섞여 있음에서 '**무리**'를 뜻한다.

四字小學 사자소학 365

- 倫(인륜 륜)81 : 사람(亻)의 질서가 잘 '모여져(侖)' 있음에서 '인륜'을 뜻한다. 참고 侖(둥글/뭉치 륜): 책(冊)을 가지런히 모아(亼) 잘 다스림에서, '모이다' '뭉치다' '둥글다'가 된다.
- 裏(속 리)31 : 사람이 마을(里) 안에 살듯 몸 안에 입는 옷(衣)인 내의에서 '속' '안'을 뜻한다. 裡와 동자.
- 鯉(잉어 리)31 : 주로 시골의 마을(里) 근처에 많이 사는 물고기(魚)인 '잉어'를 뜻한다.
- 履(밟을/신 리)18 : 몸(尸)이 길(彳)을 다닐 때 신(舟=月)을 신고 가는(夂) 데서 '신' '밟다'를 뜻한다. 파자 사람(尸)이 길을 반복하여(復) 오갈 때 '신'을 신고 길을 '밟음'을 뜻한다.
- 利(이할 리)92 : 벼(禾)농사에 이롭게 쓰이던 날카로운 도구나 칼(刂)에서 '날카롭다' '이롭다'를 뜻한다.
- 隣(이웃 린)60 : 언덕(阝) 주변에 5가(家) 정도의 작게(粦) 모인 마을에서 '이웃'을 뜻한다. ※鄰(린)이 본자(本字). 참고 粦=燐(도깨비불 린): 죽은 사람의 몸(大)에서 분해된(八) 불꽃(炎)같은 '작고' 어지럽게 (舛) 움직이는 '도깨비불'을 뜻한다. 네 개의 점은 '炎(불꽃 염)'으로 바뀌었고, 다시 '米(쌀 미)'로 바뀌었다.
- 立(설 립)12 : 사람(大=亣)이 땅(一) 위에 서 있는 모양에서 '서다'를 뜻한다.
- 粒(낟알 립)46 : 쌀(米)알이 되기 전, 아직 서(立)있는 벼의 껍질을 벗기지 않은 곡식 알맹이인 '낟알'을 뜻한다.
- 麻(삼 마)59 : 집(广)에서 삼 껍질(朩:모시껍질 빈)을 벗겨 삼실(林:삼 파)을 만드는 데서 '마비' 성분이 있는 '삼'을 뜻한다.
- 莫(없을/말 막)67 : 우거진 잡풀(茻:잡풀 우거질 망)에 해(日)가 가린 저녁 무렵으로, 해가 없는 데서 부정의 뜻으로 '말다' '없다'를 뜻하였다. 파자 풀(艹) 밑에 해(日)가 크게(卄=大) 가려 없어짐.
- 晩(늦을 만)52 : 관(免)을 벗듯, 하늘의 해(日)가 서쪽으로 기우는 늦은 시간에서 '늦다' '저물다'로 쓰인다. 참고 免(면할 면): 임금이나 벼슬한 사람(儿)이 쓴 '관'으로, 후에 관을 벗어 일을 쉽게 함에서 '사면' '벗어남' '면함'으로 쓰였다.
- 慢(거만할 만)15 : 마음(忄)이 늘어지고 펴지는(曼) 데에서 '게으르다' '거만하다'를 뜻한다. 참고 曼(끌/길 만): 두 손(又)으로 눈(目=罒)이 크게 잘 보이도록 끌어당기거나, 예쁘게 하는 데서 '끌다' '펴지다' '예쁘다' 등으로 쓰인다. 위에 손은 음 때문에 '冃(모)'로 변하고 다시 '日'로 변했다.
- 忘(잊을 망)26 : 사리를 분별함이 없는(亡) 마음(心)에서 '잊다'를 뜻한다. ※부수의 위치에 따라 뜻이 다르다. ※같은 부수가, '머리'가 '변'으로 가면 대개 같고, '변'과 '발'이 같은 부수면 뜻이 다르다.
- 罔(없을 망)8 : 짐승·어류를 도망갈 수 없게(亡) 막는 그물(网·罒)에서, 그물이 본뜻이나 '없다'로 쓰인다.
- 望(바랄 망)52 : 높은(壬) 곳에 올라 눈(臣=亡)으로 달(月)을 '바라보며' '소망'하거나 '바라다'를 뜻한다. 파자 높은(壬:우뚝할 정) 곳에 서서 잊어버린(亡) 것을 달(月)을 '보며' 다시 보길 '바람'을 뜻한다.
- 妹(누이 매)53 : 자신보다 나이가 어려 아직 다 크지 아니한(未) 여자(女) 동생인 '누이'를 뜻한다.
- 每(매양 매)11 : 매일 머리에 화려한 장식(宀)을 한 성인 여자(母)에서 '매양' '매일' '아름답다'를 뜻한다.

배정한자 해설

- **孟(맏 맹)31** : 아이(子)가 태어난 지 사흘 만에 **목욕통**(皿)에서 목욕시켜 장수를 기원하던 일이나, 처음 태어난 **아이**(子)를 **그릇**(皿)에 담아 먹던 야만인의 풍속에서 '맏' '첫째'를 뜻한다고도 한다.
- **勉(힘쓸 면)70** : 관(免)을 쓴 관원이 **힘**(力)을 다하여 맡은 일을 하는 데서 '힘쓰다'가 뜻이 된다. 참고 晩(늦을 만)에서 免(면할 면).
- **面(낯/얼굴 면)16** : 머리(百) 양옆 볼([ ]). 얼굴의 윤곽(囗)에 눈(目)을 그려 '얼굴' '낯' '표면'을 뜻한다.
- **名(이름 명)33** : 저녁(夕)이 되어 보이지 않아 입(口)으로 서로의 '이름'을 부름을 뜻한다.
- **命(목숨/명할 명)9** : 윗사람의 입(口)으로 내리는 **명령**(令)에 따라 목숨이 결정되는 데서 '목숨' '명령' '천명'을 뜻한다.
- **冥(어두울 명)73** : 달·별 등 해(日)처럼 빛나는 물건을 두 손(廾=大=六)으로 **덮어**(冖) 가림에서 '어둡다'를 뜻한다. 파자 해(日)가 **덮이는**(冖) 오후 **여섯**(六) 시 경에서 '어둡다'를 뜻한다.
- **明(밝을 명)82** : 달(月)이 지고 해(日)가 떠 '밝음', 또는 **창문**(囧·囧=日) 옆에 밝은 **달**(月)로 '밝음'을 뜻한다.
- **鳴(울 명)20** : 새(鳥)가 입(口)을 벌려 지저귀는 데서 '울다'를 뜻한다.
- **母(어미 모)16** : 성숙한 **여자**(女)에 가슴을 표하는 두 점(丶)을 표하여 아이가 있는 '어미'를 뜻한다.
- **貌(모양 모)82** : 행동이 다양한 **짐승**(豸)과 **사람**(儿)의 **얼굴**(白) 모습으로, 여러 가지 다양한 '모양'을 뜻한다.
- **謨(꾀/가르칠 모)21** : 해결방법이 **없는**(莫) 큰일에 대하여 서로 **말하여**(言) 방법을 생각함에서 '꾀하다' '가르치다'를 뜻한다. 참고 莫(없을/말 막)
- **耄(늙은이 모)93** : 늙어(老) 머리털(毛)이 길게 늘어진 80세나 90세의 '늙은이'를 뜻한다. 참고 老(늙을 로) : 머리털을 늘어뜨린 노인이(毛+儿=耂) 지팡이(匕)를 잡고 있는 데서 '늙다' '늙은이'를 뜻한다. 참고 耆(기)=60세, 老(노)=70세, 耋(질)=80세, 耄(모)=90세.
- **暮(저물 모)20** : 해가지는 '莫(막)이' '없다'로 쓰이자 **해**(日)를 더해 해가 **없는**(莫) 저녁에서 '저물다'를 뜻한다. 참고 莫(없을/말 막)
- **謀(꾀 모)93** : 잘 익어야 맛이 드는 **매실**(某)처럼, 깊게 생각하고 하는 **말**(言)에서 '꾀'를 뜻한다. 참고 某(아무 모) : 시고 **단**(甘) 열매가 열리는 **나무**(木)로 매실을 뜻하나, '아무'나 먹어도 맛이 같음을 뜻한다.
- **木(나무 목)44** : 나무의 가지와 뿌리를 나타낸 글자, **초목**(草木)의 종류나 **나무**로 만든 도구를 나타낸다.
- **睦(화목할 목)55** : 높고 큰 **언덕**(坴)처럼, 많은 사람의 순한 **눈**(目)빛이 한 데 이르는 데서 '화목함'을 뜻한다. 참고 坴(언덕 륙) : 풀(屮)이나 **집**(六)처럼 높게 쌓인 **땅**(土)에서 '언덕'을 뜻한다.
- **目(눈 목)85** : 눈동자를 강조한 눈을 본떠 만든 글자로 '눈'을 뜻한다.
- **毋(말/않을 무)24** : 금지선(一)을 그어 아이가 있는 **어미**(母)에 접근을 금함에서 '말다' '않다' '없다'를 뜻한다. 참고 '毋'와 '母'자의 자원(字源)을 같게 보기도 한다.
- **無(없을/말 무)26** : 사람이 양손에 물체를 들고 춤을 추는 모양이나, '~말라' '없다' '않다'의 뜻으로

四字小學 사자소학 365

쓰이자, '舛'을 더해 '춤추다(舞)'를 뜻했다. 파자 우거진 숲(𣠣:우거질 무)이 불(灬)에 타 **없어짐**을 뜻한다.

- 墨(먹 묵)60 : 소나무 종류를 태운 **검은**(黑) 그을음과 아교를 섞어 **진흙**(土)처럼 굳혀 만든 '먹'을 뜻한다. 참고 黑(검을 흑)
- 門(문 문)12 : 한 쌍으로 된 **문**(門)의 형상으로 대부분 '문'과 관계되며 '집안'을 뜻하기도 한다.
- 文(글월 문)69 : 사람의 몸에 '문신'을 한 **모양**으로, '무늬' '글월' '문체' 등을 뜻한다.
- 問(물을 문)72 : 문(門) 앞에서 문 안의 일을 **입**(口)으로 물어보는 데서 '묻다'를 뜻한다.
- 勿(말 물)13 : 쟁기와 흙덩이, 활줄의 울림, 깃대에 단 '금지'를 알리는 장식, 칼(刀)로 제물을 잘게 자른 모양과 피, 함부로 쓰지 못하는 칼 등에서 '부정'을 뜻하여 '말다' '없다' 등의 학설이 있다.
- 物(물건 물)14 : 잡색 **소**(牛)를 **칼**(刀)로 잡아 바쳐, 만물의 **부정**(勿)을 없애는 데서 '만물' '물건'을 뜻한다.
- 美(아름다울/맛있을 미)27 : **양**(羊)뿔이나 깃으로 아름답게 장식한 **성인**(大)에서 '아름답다'를 뜻한다. 또는 **양**(羊)이 **크게**(大) 다 자라 '맛이 있음', '아름다움'을 뜻한다.
- 靡(쓰러질/말 미)91 : 양쪽으로 나뉜 **날개**(非)처럼, 잘게 갈라 땅에 쌓아놓은 **삼**(麻)실에서 '쓰러지다' '말다'를 뜻한다.
- 民(백성 민)38 : 뾰족한 무기로 눈을 찔린 '노예'에서 벼슬 없는 서민 '백성'을 뜻하였다. ※ 모든(一) 성씨(氏).
- 憫(민망할 민)50 : 상가(喪家)의 **문**(門)에 **모양**(文)을 갖추고 서서 **마음**(忄)으로 위문(閔)하고 '민망하게' 여김.
- 敏(민첩할/힘쓸 민)72 : **매번**(每) 손에 도구를 들고(攵) 하는 숙련된 일을 함이 빠름에서 '힘씀' '민첩함'을 뜻한다. 참고 每(매양 매):매일 머리에 화려한 장식(亠)을 한 성인 **여자**(母)에서 '매양' '매일' '아름답다'를 뜻한다.
- 反(돌아올/도리어 반)24 : 비탈진 **언덕**(厂)을 반대로 **손**(又)으로 잡고 기어오르는 데서 '돌이키다' '돌아오다' '도리어'를 뜻한다.
- 髮(터럭 발)32 : **긴**(長) **터럭**(彡)을 날리며 달리는 **개**(犮)에서 '터럭' '털'을 뜻한다. 참고 犮(달릴 발): 개(犬)가 발을 뻐치며(丿) 달리는 데서 '달리다'를 뜻한다.
- 房(방 방)12 : 본체인 **집**(戶) 뒤나 양옆 **방향**(方)에 있는 침실로 쓰이던 '방'을 뜻한다.
- 放(놓을/클 방)18 : 죄인을 풀어 먼 곳(方)으로 크게 **쳐서**(攵) 쫓아아내는 데서 '놓다' '내치다' '크다' '그만두다'를 뜻한다.
- 拜(절 배)24 : 두 **손**(手手)을 모아 **아래**(丅:下의 고문)로 몸을 굽히는 데서 '절'을 뜻한다.
- 盃(잔 배)46 : 뿌리 **모양**(不)의 받침대가 있는 **나무**(木)로 만든 그릇의 '杯(배)'의 속자(俗字)로, 액체를 마시는 뿌리(不)로 만든 그릇(皿)인 '잔'을 뜻한다.
- 白(흰 백)59 : 흰 '쌀'이나 '엄지손톱' '빛' 모양으로 '희다' '깨끗하다' '공백' '밝다' '좋은 말'을 뜻한다.
- 百(일백 백)62 : 흰 **쌀**(白)을 재는 **단위**(一)로 쌀 '일백' 개를 뜻하며, 白 위에 二三을 더해 이백 삼백

배정한자 해설

을 뜻하기도 하였다.

- **別(다를/나눌 별)80** : 칼(刂)로 뼈에서 **살을 발라냄**(冎=另:살발라낼 과)을 뜻하여, 뼈와 살이 '**다름**', 뼈와 살을 '**나눔**' '**분별**' 등으로 쓴다.
- **病(병 병)21** : 땀이 흐를 정도로 **뜨겁게**(丙) 열이 나는 중병인 **질환**(疒)에서 '**병**' '**병들다**'를 뜻한다.
- **報(갚을/알릴 보)8** : 죄인을 **형틀**(幸)에 묶어 죄를 **다스려**(𠬝) 죄상을 '**알리고**' 죄를 '**갚음**'을 뜻한다. 참고 幸(다행 행):**죄인**이나 노예의 양손을 **가운데**(∏)에 넣고 **양쪽**(十·十끝)을 끈으로 묶던 '**형틀**'이나, 형틀이 풀려 있는 틀 모양에서 법에 걸리지 않아 '**다행**'임을 뜻한다.
- **補(기울/도울 보)39** : **옷**(衤) 따위의 해진 곳을 중심으로 **크게**(甫) 덧대어 깁는 데서 '**깁다**' '**돕다**'를 뜻한다. 참고 哺(먹일 포)자에서 甫(클 보)자 참조.
- **輔(도울 보)56** : **수레**(車)의 양쪽에 **크게**(甫) 덧대어 많은 짐을 싣게 도움에서 '**돕다**'를 뜻한다. 참고 哺(먹일 포)자에서 甫(클 보)자 참조.
- **保(지킬/도울 보)88** : **사람**(亻)이 어린아이(子)를 **강보**(八)에 **싸**(子·子+八=呆) 안아 '**지키거나**' '**도움**' '**보살핌**'을 뜻한다.
- **步(걸음/걸을 보)15** : **위아래 발**(歨:밟을 달)을 두어 걸음을 뜻하여 '**걷다**' '**걸음**'을 뜻한다. '止=少'는 아래 발.
- **腹(배 복)6** : 사람 몸(月)속에서 **반복**(复) 운동을 하는 장기(臟器)가 모여 있는 '**배**'를 뜻한다. 참고 复=夏(다시갈 복):**지붕**(亠) 아래 **방**(口=日)과 **발**(夂)로, 움집(㐭)에 사람의 **발**(夂)이 반복적으로 드나들던 입구, 또는 반복적으로 발로 밟아 일을 하던 '풀무' 모양에서 '**반복하다**' '**돌아가다**' '**다시**'를 뜻한다.
- **復(회복할 복)30** : 던 길을(彳) **되돌아**(复)감에서 '**회복하다**' '**다시**' '**거듭**'을 뜻한다.
- **福(복 복)92** : **제단**(示)에 술이 **가득**(畐) 담긴 술동이를 바쳐 복을 바라는 데서 '**복**'을 뜻한다. 참고 畐=畐(찰 복) : 술을 가득 담아 신에게 복을 빌던 목이 긴 **술동이**에서 '**차다**' '**가득 차다**'를 뜻한다.
- **服(옷 복)19** : 죄인을 '**복종하도록**' 다스려(𠬝) 배(舟=月)를 '**부리게**' 함이나, 몸(月)을 다스리는(𠬝) '**옷**'처럼 변했다. 참고 𠬝(다스릴 복):**죄인**(卩)을 손(又)으로 잡아 꿇어앉혀 '**다스림**'을 뜻한다.
- **本(근본/본디 본)42** : 나무(木)의 뿌리 부분을 가리켜(一), 나무의 뿌리에서 '**근본**' '**본디**'를 나타낸다.
- **蓬(쑥 봉)59** : 사람이 많이 **다니는**(辶) 길가에서 많이 **만나는**(夆) 수북이 무리지어 자라는 풀(艹)인 '**쑥**'을 뜻한다. 참고 夆(만날) : 높게 쌓인 흙더미 위에 **수북이 자란 풀**(丰:무성할 봉)이 있는 경계에서 뒤쳐오는(夂) 사람을 끌어당겨 서로 '**만남**'에서 '**끌어당김**'을 뜻한다.
- **膚(살갗 부)32** : **호랑이**(虍) 입처럼 **벌린**(凵) 곳에 담긴 **흙**(土)**덩이**(甾:흙덩이 괴)가 그릇(虚=虘:그릇 로)에 싸여져 있듯, 사람의 몸(月)을 그릇(虘)처럼 감싸고 있는 피부인 '**살갗**'을 뜻한다. 참고 盧(성姓 로) : **호랑이**(虍) 입처럼 아가리가 큰, 음식덩이(甾:덩이 괴)를 담은(虚=虘:밥그릇 로) 불에 **검게 그을린 그릇**(皿)에서 '**밥그릇**'을 뜻하나, 주로 '**성씨**'로 많이 쓰인다.
- **婦(며느리/아내 부)40** : 집안에서 **비**(帚)를 들고 청소하는 **여자**(女)에서 '**며느리**' '**아내**' '**주부**' 등 여자를 뜻한다. 참고 帚(비 추)

四字小學 사자소학 365

- 夫(지아비/남편 부)40 : 성인(大)의 머리에 여자의 비녀 같은 동곳(一)을 꽂은 모양으로, 다 자란 성인 남자에서 '사내' '지아비' '남편' '대장부'를 뜻한다.
- 扶(도울 부)59 : 대장부(夫)가 손(扌)으로 남을 '돕거나' 어른(夫)을 손(扌)으로 '도움'을 뜻한다.
- 父(아비 부)6 : 도끼나 사냥 도구(八)를 손(又=乂)에 들고 사냥이나 식량 생산을 하는 '아비'를 뜻한다.
- 俯(구부릴/숙일 부)16 : 벼슬한 사람(亻)이 관청(府)에서 머리를 숙여 상관의 명을 받드는 데서 '구부리다'를 뜻한다. 참고 府(마을 부) : 문서나 재물을 손(寸)으로 다른 사람(亻)에게 주거나(付) 받아 보관해 두는 집(广)인 '곳집'이 있는 '관청' '마을'을 뜻한다.
- 分(나눌 분)42 : 칼(刀)로 쪼개어 '반'으로 나눔(八)에서 '나누다' '구별하다'를 뜻한다.
- 忿(성낼 분)83 : 일이 나뉘어(分) 복잡해져 번거롭거나 마음(心)에 화가 남에서 '성내다'를 뜻한다.
- 不(아니/말 불/부)19 : 땅(一) 아래 씨눈 배아에서 뿌리(小)는 내리고 움은 아직 트지 않은 데서 '아니다'를 뜻하며, 부정의 뜻으로 무엇을 하지 '말라' '못하다' '없다'의 뜻으로도 쓴다.
- 弗(아닐/말 불)26 : 굽은 화살(∥)을 활(弓) 모양으로 묶어 '교정함'을 뜻하나, 묶어 두어 쓰지 못함에서 '아니다' '말다'를 뜻한다.
- 朋(벗 붕)81 : 조개나 패옥(貝) 5개를 엮어 挂(걸 괘)라 하고, 양괘(兩挂)를 朋(붕)이라 하여 화폐 단위로 쓰였고, 후에 양쪽이 같은 '朋(붕)'에서 뜻이 같은 '친구' '벗'을 뜻하게 되었다.
- 比(견줄 비)44 : 두 사람이 가깝게 나란히 서 있는 모양에서 '견주다' '비기다' '돕다' '같다'를 뜻한다.
- 非(아닐 비)93 : 서로 반대로 펼쳐진 새의 날개에서 반대의 의미인 '아니다'를 뜻한다.
- 貧(가난할 빈)88 : 재물(貝)을 나누어(分) 적어짐에서 '가난하다'를 뜻한다.
- 氷(얼음 빙)31 : 물(水)이 얼어붙은 결정(丶)으로 '얼음'을 뜻한다. 참고 冰이 본자(本字).
- 四(넉 사)76 : 코에서 콧물이나, 입에서 기운이 갈라져 나오는 모양이나, 숫자 넷, '넉'을 뜻한다.
- 似(닮을/같을 사)7 : 사람(亻)과 사람(人)은 처음(以) 태아(厶) 때 모습이 서로 닮음에서 '닮다'를 뜻한다.
- 使(하여금/부릴 사)36 : 임금의 명령을 받거나, 다른 사람(亻)에게 하게 하는 관리(吏)에서 '하여금'을 뜻한다. 참고 吏(벼슬아치/관리리) : 마음이 한결(一)같이 변함없어야 하는 사관(史) 같은 '벼슬아치'나 '관리'를 뜻한다.
- 士(선비 사)39 : 도끼 모양으로 도끼를 사용할 수 있는 '무사나 군사'를 뜻하며 나이든 군사가 문부(文簿)를 담당하면서 '선비'라는 뜻이 파생되었다. 하나(一)를 들으면 열(十)을 아는 선비라 하면, '사이비'.
- 仕(섬길/벼슬 사)38 : 사람(人)이 배워서 '벼슬'하여 선비(士)가 되고 임금을 '섬김'을 뜻한다.
- 私(사사 사)48 : 곡식(禾)을 사사로이(厶) 홀로 차지한 데서 '사사롭다'를 뜻한다. 참고 '厶'는 물건을 감싼 모습.
- 俟(기다릴 사)52 : 사람(亻)이 일이 끝날(矣) 때를 '기다림'을 뜻한다. 참고 矣=문장 끝을 나타내는 어조사. 참고 矣(어조사 의)
- 沙(모래 사)59 : 물(氵)가나 물밑의 작은(少) 돌 부스러기인 '모래'를 뜻한다. 참고 少(적을 소):약간

배정한자 해설

의 작은 물건이 올망졸망 흩어져 있는 모양에서, 少는 '적다'를 小는 '작다'를 뜻한다.

- 邪(간사할 사)58 : 잘못된 정치(政治)·교육(敎育)·사리(事理) 등이 어금니(牙)처럼 강하여 굽어져 다스려지지 않는 고을(⻖)이름에서 '간사하다'를 뜻한다. ※중국 진(秦)나라 때 낭사군(琅邪郡)의 이름.
- 師(스승 사)66 : 많은 무리(⾃)로 둘러 싸인(帀:두를 잡) '군대'를 이끄는 사람에서 '스승'을 뜻한다.
- 死(죽을 사)88 : 몸을 굽혀(匕) 죽은(歹) 사람에게 예를 갖추거나, 죽은 사람의 뼈(歹)를 수습하는 사람(匕)에서 '죽다'가 된다.
- 事(일/섬길 사)19 : 손(⺕)으로 장식(一)과 깃발(口)이 달린(⼹)깃대(亅)나, 무기 또는 도구를 들고 '일'을 함.
- 思(생각 사)21 : 머리(囟=田:정수리 신)와 마음(心)으로 느끼고 생각함에서 '생각하다'를 뜻한다.
- 賜(줄 사)22 : 그릇의 물건을 바꾸어(易) 담듯, 재물(貝)을 남에게 주는 데서 '주다' '하사하다'를 뜻한다. 참고 易(바꿀 역/쉬울 이)
- 山(메 산)30 : 세 개의 산봉우리가 뚜렷한 산의 모습에서 '산'을 뜻한다.
- 三(석 삼)79 : 주살(弋) 셋(三)인 '弎(삼)'이 '三'의 고자(古字)로 물건 셋을 나타내 '삼' 거듭'을 뜻한다.
- 常(떳떳할/항상 상)29 : 옛날 바지춤에 항상 꽂고 다니던 베수건(巾)이나, 바지보다 '높고' '위에'(尙) 입는 옷 아래에 걸치는 천(巾)인 평상시 항상 걸치고 다니던 옷에서 '항상' '떳떳하다'를 뜻한다. 참고 當(마땅 당)에서 尙(상)자 설명.
- 嘗(맛볼 상)22 : 높여(尙) 예로 바치는 음식을 미리 맛(旨:맛 지) 보는 데서 '맛보다' '일찍'을 뜻한다.
- 祥(상서/좋을 상)31 : 제사(示)의 제물로 바치던 상서로운 짐승인 양(羊)에서 '좋음' '상서롭다'를 뜻한다.
- 翔(날 상)18 : 한 장소에 무리지은 양(羊)처럼 두 날개(羽)를 펴고 한 곳을 돌며 나는 데서 '날다'를 뜻한다.
- 傷(다칠 상)32 : 상처가 밝게(昜) 드러난 사람(人=⺉)에 상처를 가한 사람(亻)을 더해 '다침'을 뜻한다.
- 商(장사 상)39 : 장사를 잘하던 '상(商)'나라의 건축물, 제기 모양 등의 설이 있다. 파자 크게(大=六) 사리에 밝고(冏:밝을 경) 셈이 빠른 '장사'에서 '헤아리다' '셈하다'를 뜻한다.
- 相(서로 상)87 : 나무(木)를 눈(目)으로 살펴보거나, 나무의 생장을 보살피는 데서 '서로' '돕다'로 쓰인다.
- 喪(잃을 상)88 : 뽕나무의 잎(皿)과 가지(十)를 걸어, 사람이 죽음(亾=亼)을 표하여(喪) '죽다'를 뜻한다. 참고 사람이 죽어(亾=亼) 많은 사람(吅)이 시끄럽게(吅) 우는(哭) 데서 '잃다'를 뜻한다.
- 上(윗/첫째 상)90 : 기준선(一)보다 위(卜)에 있음에서 '위' '첫째'를 나타낸다.
- 色(빛 색)82 : 선 사람(⺈)이 꿇어앉은 사람(巴=巴)을 화난 얼굴빛을 띠고 훈계하는 데서 얼굴'색'을 뜻한다. 참고 서 있는 사람(⺈)과 꿇어앉은 사람(巴=巴)으로 '여러 모양' '가지각색'을 뜻한다.
- 生(날 생)6 : 땅(一)에서 초목이 싹터(Ψ=牛) 자라나는 모양에서 '낳다' '살다' '자라다'를 뜻한다.
- 暑(더울 서)29 : 해가 찌는(煮=者) 듯이 '더움'을 뜻한다. 또는 사람(者) 위에 해(日)가 있어 '덥다'를

四字小學 사자소학 365

뜻한다. 참고 者(놈 자)

- 西(서녘 서)30 : 대소쿠리나 새둥지 모양으로, 서쪽 방향으로 쓰이면서 '서녘'을 뜻한다. 참고 襾(덮을 아).
- 書(글/책 서)17 : 붓(聿)으로 말(曰)을 따라 쓰는 데서 '글' '편지' '책' '쓰다'를 뜻한다.
- 序(차례 서)80 : 집(广) 사이에 차례로 펼쳐(予) 늘어선 동서로 있는 '담'에서 '차례'를 뜻한다. 참고 予 나 여 : 위아래 면포(マ·㇀) 사이에서 '북'에 감긴 실(丨)을 풀어 펼쳐 주어, 차례로 베를 짜는 데서 '주다'가 뜻이나, 余(여)와 음이 같아 '나'를 뜻한다. 참고 豫(미리 예)의 俗字(속자).
- 席(자리 석)18 : 집(广) 안에 많은 (廿) 사람들이 앉는 천(巾)으로 만든 자리에서 '자리' '깔다'를 뜻한다.
- 先(먼저 선)28 : 먼저 앞서간 사람(儿)의 발자국(止=㐱)에서 '먼저' '앞서다'를 뜻한다.
- 扇(부채 선)29 : 대나 갈대를 새의 깃(羽)처럼 엮어 만든 문(扉=戶)으로, 문처럼 엮은 '부채'를 뜻한다.
- 善(착할 선)34 : 양(羊)이 순하고 착함을 여러 사람이 말함(誩:다투어말할 경)에서 '좋다' '착하다'를 뜻한다.
- 雪(눈 설)31 : 비(雨)가 얼어 내려 비(彗=ヨ:비 혜)로 쓸어야 하는 '눈'을 뜻한다.
- 姓(성/성씨 성)40 : 모계사회에서 여자(女)가 낳은(生) 아이에게 붙여주던 성에서 '성' '성씨'를 뜻한다.
- 成(이룰 성)41 : 무기(戊)를 들고 물건을 가르며 뜻을 정하고(丁) 맹세하거나, 무기(戊)를 들고 나아가 못(丁)을 치듯 쳐서 자신의 뜻을 이루는 데서 '이루다' '나아가다' '정하다'를 뜻한다.
- 聲(소리 성)85 : '경쇠(殸=磬)'인 악기(声)를 쳐서(殳) 귀(耳)로 소리를 들음에서 '소리'를 뜻한다. 참고 磬(殸:경쇠 경):조각(尸)을 매단(土) 악기(声=声)를 손에 막대를 들고 치는(殳) 돌(石)로 된 '경쇠'를 뜻한다.
- 聖(성인 성)93 : 사람이 땅에 우뚝 서서(壬) 남의 말(口)을 귀(耳)로 잘 알아듣는 '성인'을 뜻한다.
- 性(성품 성)77 : 태어나면서(生) 가지고 있는 각자의 고유한 마음(忄)에서 '성품'을 뜻한다.
- 世(인간/세상 세)33 : 세 개의 가지(丨)와 잎(一) 모양으로, 잎처럼 해마다 거듭 이어지는, 인간의 '세대'에서 '인간' '세상' 등으로 쓰인다. 삼십 년(卅:서른 삽)의 변형으로 잘못 보기도 했다.
- 小(작을 소)93 : 少와 같이 작은 물건을 뜻하며, 少와 小는 다 같이 작고 적음을 뜻한다.
- 掃(쓸 소)29 : 손(扌)으로 비(帚:비 추)를 들고 청소하는 데서 '쓸다'를 뜻한다.
- 素(본디/흴 소)43 : 고치에서 막 뽑아 쌓아놓은(垂=烝=土) 깨끗한 실(糸)에서 '본디' '희다'를 뜻한다.
- 所(바 소)81 : 도끼(斤)로 벌목할 때 정하고 거처하던 집(戶)에서 '일정한 장소'를 뜻하여 '곳' '바'를 뜻한다.
- 疏(소통할/멀 소)63 : 멀리 흐르는(㐬:깃발/흐를 류) 것처럼 발(疋)로 멀리까지 이르러 '멀리' '소통함' '거칠다'를 뜻한다.
- 召(부를 소)92 : 두 손(臼)으로 구기(刀=匕)를 들고 술통(酉=口)에서 술을 떠내 손님을 불러 모음에서 '부르다'를 뜻한다. 지금은 구기(刀=匕)와 술통주둥이 모양(口)만 남았다.
- 笑(웃음 소)18 : 바람을 맞은 대(竹)가 굽어짐(夭)이 사람이 허리를 굽히고 '웃는' 모습과 같음을 뜻한다.

배정한자 해설

- 俗(풍속 속)87 : 깊은 **계곡**(谷)에 모여 사는 **사람**(亻)들의 일정한 생활양식에서 '풍속'을 뜻한다.
- 損(덜/해할 손)92 : **손**(扌)으로 **둥근**(員) 솥에서 음식을 덜어내는 데서 '줄다' '덜다' '해하다'를 뜻한다. 참고 員(인원 원):둥근(○=口) 아가리와 솥(鼎=貝)으로, 둥글게 뭉치거나 모인 사람에서 '인원'으로 쓰인다.
- 送(보낼 송)17 : 옛날에 딸이 시집갈 때 딸려 **보내던**(辶) **몸종**(朕:보낼 잉=关=夭)에서 '보내다'를 뜻한다. 파자 **하늘**(天)을 우러러 입 **벌려**(八) **웃으며**(夭:笑의 古字) **가도록**(辶) '보냄'을 뜻한다.
- 樹(나무 수)25 : **그릇**(豆) 위에 **나무**(木=士)를 **손**(寸)으로 잡고 심는 **모양**(尌:세울 주)으로 나무(木)를 세워(尌) 심는 데서 '나무' '세우다'를 뜻한다. 참고 尌(세울 주):그릇(豆) 위에 나무(木=士)를 손(寸)으로 잡고 세워 심는 데서 '세우다'를 뜻한다.
- 羞(부끄러울/음식 수)28 : 맛이 있는 **양**(羊)고기를 손으로 **잡아**(丑) 겸손한 마음으로 '바침'에서 '부끄럽다' '음식'을 뜻한다.
- 受(받을 수)14 : **손**(爫)과 **손**(又) 사이에 **쟁반**(舟=冖) 모양으로, 쟁반에 물건을 담아 주고받음을 뜻하나 지금은 '받음'만을 뜻한다.
- 獸(짐승 수)35 : **사냥도구**(嘼=嘼:산짐승 휴)와 **사냥개**(犬)로 짐승을 사냥하는 데서 '짐승'을 뜻한다. 파자 **개**(犬)가 **시끄럽게**(吅) 짖어 **밭**(田) **한**(一) 곳 **함정**(口)으로 몰아 '짐승'을 사냥함. 참고 嘼(산짐승 휴):두 **귀**(吅)와 **머리**(田)와 **발 아래**(一) **땅**(口)으로 짐승의 모양에서 '산짐승'을 뜻한다.
- 修(닦을 수)73 : 먼지나 오염물을 **털**(彡)로 문질러 **다스려**(攸) 깨끗하게 함에서 '닦다'를 뜻한다.
- 隨(따를 수)41 : 고기를 떨어뜨려 **제사하듯**(隋), 뒤에 떨어져 **따라감**(辶)에서 '따르다'를 뜻한다. 참고 隋(수나라 수) : 제단 **계단**(阝)에 서서 **손**(左)으로 남은 **고기**(月)를 찢어 던져 **떨어뜨려** 제사함을 뜻하나, '수나라'의 이름으로 쓰였다.
- 雖(비록 수)22 : 비록 **새**(隹)처럼 **입**(口)으로 소리 **내는**(唯) **파충류**(虫)지만 날지 못하는 '도마뱀'에서 '비록'을 뜻한다.
- 水(물 수)44 : 흐르는 물의 모양으로 **강 이름**이나 '물'과 관계있는 이름에 쓰인다. 참고 水=氵=氺.
- 須(모름지기 수)13 : **머리**(頁)에 난 **털**(彡), 즉 '**수염**'을 뜻하나, '마땅히' 수염이 나는 데서 '모름지기'를 뜻한다.
- 手(손 수)13 : 사람의 **다섯 손가락**과 손목을 그려 '손'을 뜻한다.
- 首(머리 수)16 : 사람이나 짐승의 **머리부분**에서 특히 눈(目)을 강조하여 '머리'나 '우두머리'를 뜻한다.
- 漱(양치할 수)20 : **물**(氵)을 입안에 **묶듯**(束) 머금고 입을 **벌려**(欠) 이를 닦는데서 '양치함'을 뜻한다. 참고 欶=빨아들일 삭
- 肅(엄숙할 숙)86 : **손**(彐)으로 **상앗대**(丨)를 **잡고**(聿) 깊은 **연못**(淵)을 조심하여 건너거나, 손(彐)으로 **바늘**(丨)을 들고 **붓**(聿=聿)으로 그린 **밑그림**(淵)을 따라 **조심히** 바느질함에서, '엄숙하다' '삼가다'를 뜻한다. 참고 '淵'은 연못의 상형으로, 淵의 혹체(或體).
- 筍(죽순 순)31 : **열흘**(旬)만 지나면 달라보이게 많이 자라는 **대**(竹)나무 싹인 '죽순'을 뜻한다. 참고 旬

四字小學 사자소학 365

(열흘 순): 해(日)를 감싸고(勹) 도는 모양으로, 하늘의 기운을 나눈 十干(십간)인 甲(갑)에서 癸(계)까지의 10일인 '열흘'이나 '십 년'을 뜻한다.

- 順(순할 순)40 : 냇물(川)이 흐르듯 머리(頁) 속의 생각이 순리대로 이치를 따름에서 '순하다'를 뜻한다.
- 崇(높을 숭)39 : 산 중에서 가장 크고 높아 으뜸(宗)인 산(山)에서 '높다'를 뜻한다. 참고 宗(마루 종)
- 膝(무릎 슬)16 : 옻(漆=桼)을 채취하기 위해 자르거나 홈을 낸 부위가 사람의 몸(肉=月) 일부인 무릎처럼 붉어짐에서 '무릎'을 뜻한다. 참고 桼(옻 칠) : 나무(木)를 갈라(八=人) 나오는 수액(水)을 물건에 칠하는 '옻'을 뜻한다.
- 習(익힐 습)69 : 새가 햇볕(日=白) 아래서 나는(羽) 것을 '익힘'. 또는 떴다 사라지는 혜성(日=白)처럼 어린 새가 날다 떨어짐을 반복하여 나는 방법을 '익힘'을 뜻한다. 참고 솜털이 하얀(白) 새가 날개(羽)를 퍼덕이며 나는 것을 '익힘'은 속설이다.
- 始(비로소/처음 시)32 : 여자(女)의 몸에 생명의 씨인 태아(台)가 생김에서 '비로소' '처음' '시작'의 뜻이 된다. 참고 台(별태/기쁠이) : 머리를 아래로 향한 태아(呂=厶)가 태포(口)에 싸여 있는 모양에서 사물의 시초를 뜻하여, 시작의 '기쁨'이나, 三公(삼공)의 별자리에서 '별'을 뜻한다.
- 是(이/옳을 시)76 : 해(日)가 가장 바르게(正=疋) 머리 위에 떠오름에서, '옳다' '바르다' '이(斯)'를 뜻한다.
- 侍(모실 시)11 : 벼슬한 사람(亻)이 관청(寺)에서 임금의 명을 받들어 모셔 일함에서 '모시다'를 뜻한다. 참고 寺(절 사) : 손(寸)과 발(止=之=土)을 부지런히 움직여 대중(大衆)을 위해 일하던 '관청'이나 '절'을 뜻한다
- 恃(믿을 시)91 : 관청(寺)에서 하는 일을 마음(忄)으로 믿는 데서 '믿다'를 뜻한다.
- 施(베풀/옮길 시)70 : 묶인 깃발(㫃)을 길게(也) 펼치듯 일을 널리 알리거나 펼치는 데서 '옮기다' '베풀다'를 뜻한다. 참고 㫃(깃발 언) : 깃대(屮=方)에 깃발(乁=人)이 바람에 나부끼는 모양에서 '깃발'을 뜻한다.
- 視(볼 시)82 : 제사할 때 신(示)을 우러러 보아(見) 신이 나타나 보인다는 뜻으로 '보다' '보이다'가 된다.
- 食(밥/먹을 식)7 : 뚜껑(스)과 고소한(皀:고소할 흡/급) 밥이 담긴 밥그릇 모양에서 '밥' '음식' '먹다'를 뜻한다.
- 身(몸 신)15 : 배가 불룩한 사람의 몸을 보고 만든 글자로 '몸' '자신' '임신'을 뜻한다.
- 信(믿을 신)37 : 사람(亻)이 진실로 하는 정성스러운 말(言)에서 '믿음' '소식'을 뜻한다.
- 臣(신하 신)36 : 노예나 죄인이 주인 앞에서 몸을 굽히고 눈을 치켜뜨고 우러러보는 모습으로, 신분이 낮은 데에서 '신하'를 뜻한다. 臣(신)자가 들어가는 글자는 '눈' 모양으로 '보다'를 뜻한다.
- 晨(새벽 신)20 : 별(晶=日)이 사라지기 전에 조개(辰)를 들고 '새벽'에 일함, 또는 조개껍질(辰)을 양손(臼=日)으로 들고 '새벽'에 밭에 나가 벌레를 잡거나 농사일을 함을 뜻한다. 참고 晨(샛별)晨(새벽)
- 室(집 실)29 : 이르러(至) 쉬는 집(宀)안의 방에서 '집' '방'을 뜻하며, 집에서 살림하는 '아내'를 뜻한다.

배정한자 해설

- 實(열매/참 실)37 : 집(宀)안에 넓은 밭(田=毌)과 돈(貝)이 가득 있는 모양, 집(宀)안에 재물이나 돈이 가득 꿰어(貫) 있어 '차다' '충실하다'를 뜻하나, 속이 가득 찬 충실한 과일 '열매'를 뜻하기도 한다. 참고 貫(꿸 관) : 귀한 물건(囗)을 꿰듯(一) 재물(貝)을 꿴 데서 '꿰다'를 뜻한다. ※毌(꿸 관), 毋(말 무).
- 失(잃을/잘못 실)19 : 손(手)에서 물건이 빠지는 모양(乀)에서 '잃어버림' '잘못'을 뜻한다.
- 深(깊을 심)8 : 나무(木) 횃불을 들고 물(氵)이 흐르는 동굴(穴=冖) '깊이' 들어감을 뜻한다. 참고 㴱=罙(깊을 심/탐) : 나무(木) 횃불을 들고 동굴(穴=冖) '깊이' 들어감을 뜻한다. ※罙은 古字(고자).
- 我(나 아)23 : 개인용 날 달린 창(戎)이나, 후에 손(手)으로 창(戈)을 잡은 모습처럼 변해 '나'를 뜻한다. 또는 창(戈)으로 고기를 잘게(三) 자르는 모양으로도 본다.
- 惡(악할/나쁠 악/미워할 오)26 : 사람이 죽어 무덤(亞)에 가는 것을 싫어하는 마음(心)에서 '미워하다' '악하다' '나쁘다'를 뜻한다. 참고 亞(버금 아) : 사방이 막힌 무덤이나 집터 모양으로, 사람이 죽어 다음 세상으로 가는 데서 '버금'을 뜻한다.
- 安(편안 안)24 : 집(宀)에 여자(女)가 편히 있거나, 집(宀) 안을 편하게 하는 여자(女)에서 '편하다'를 뜻한다.
- 謁(뵐 알)24 : 말(言)로 윗사람 찾아뵙기를 구하거나(曷), 윗사람에게 자신의 요구(曷)를 다 말함(言)에서 '뵙다' '아뢰다' '청하다'의 뜻이 된다. 참고 曷(어찌 갈) 해설 참고.
- 殃(재앙 앙)78 : 죽음(歹) 가운데(央) 있는 형벌이나 죽음의 고통에서 '재앙'을 뜻한다. 참고 央(가운데 앙) : 형틀이나 어깨지게(冂) 가운데 있는 사람(大)에서 '가운데'를 뜻한다.
- 仰(우러를/오를 앙)16 : 사람(亻)을 높이 우러러(卬) 올려보는 데서 '오르다' '우러르다'를 뜻한다. 참고 卬(높을 앙) : 서 있는 사람(人=匕)을 꿇어앉은 사람(卩)이 우러러 보는 데서 '우러르다' '오르다'를 뜻한다.
- 愛(사랑 애)26 : 입을 벌려(旡:목맬 기) 마음(心) 속의 '사랑'(㤅=愛의 古字)을 말하고 서성이며(夂) 배회함에서 '사랑'을 뜻한다. 파자 손(爫)으로 '사랑'하는 마음(心)을 감싸(冖) 천천히(夂) 전함.
- 厄(액/재앙 액)88 : 소의 멍에(軛:멍에 액) 모양이나, 좁은 문(戶)에 끼어 붙은(乙) '戹(좁을 액)'으로 변하고, 다시 언덕(厂)에 눌려 굽은(㔾) 모양이 되어 '재앙' '액'을 뜻한다.
- 也(어조사 야)32 : '뱀'처럼 길거나 '움푹 파인 모양'으로 '어조사'로 쓰이며, 한자의 '토'를 뜻하는 '입곁·입겿'의 잘못이 '이끼'로 변했다. 참고 它(다를/뱀 타)는 대부분 '也'로 변한다.
- 夜(밤 야)73 : 사람(大)의 팔 벌린 사이(八)인 겨드랑이(亦)까지 달(夕)이 올라 어두운 '밤'을 뜻한다. 달(夕)에 비친 사람 그림자(大)로 '밤'을 뜻한다고도 한다.
- 若(같을/만일 약)27 : 만일을 대비하여 매일 머리(艹)를 손(ナ)으로 다스려 같게 꾸미거나 순리대로 말함(口)에서 '만약' '같다'를 뜻한다. 참고 어려서 모양이 비슷한 풀(艹)을 오른손(右)으로 채집하는 데서 '같다'라고도 한다.
- 藥(약 약)71 : 병이 있어 고통이 있을 때 건강을 찾아 즐겁게(樂) 해주는 약초(艹)에서 '약'을 뜻한다. 참고 樂(즐길 락/노래 악)

四字小學 사자소학 365

- 揚(날릴 양)33 : 손(扌)을 들어 해(昜)를 향해 밝게 드러내 보여 '알려지다' '밝히다' '날리다'를 뜻한다. 참고 昜(볕/해 양):높이 세운 장대(丁) 위에 해(日)와 햇살(勿)을 그려 밝은 태양의 '볕'을 뜻한다.
- 讓(사양할 양)90 : 남을 꾸짖어 돕는(襄) 말(言)에서 '사양하다' '양보하다' '꾸짖다'를 뜻한다. 참고 襄(도울 양):옷(衣)을 벗듯, 땅속을 갈아(耕=井=丰) 생강 같은 덩이뿌리(㘩) 채취를 '도움'을 뜻한다.
- 於(어조사 어)91 : 까마귀의 상형인 글자. 파자 깃발(㫃)보다 높이 두 발(ㅣ)을 가지런히 날아 일정한 장소에 이르는 까마귀에서 '~에' '~보다'를 뜻하는 '어조사'로 쓰인다.
- 言(말씀 언)13 : 혀를 길게 내밀어 '말'을 하거나, 악기를 입에 물고 소리를 내는 데서 '말' '말씀'을 뜻한다. 파자 소리부호(-)·혀끝(一)·혀(二)·입(口)을 더해 입으로 '말함' '말씀'을 뜻한다.
- 業(업/일 업)39 : 요철을 거듭한 복잡하게(丵:더부룩할 착/복) 만든 도구로 악기를 걸어두던 넓은 가로나무(木)와 받침 또는 장식(巾)이 있는 틀 모양이나, 여러 일에 사용되는 데서 '일' '업'을 뜻한다.
- 如(같을 여)7 : 여자(女)가 사실대로 말(口)을 하거나, 명하는 말을 똑같이 따르는 데서 '같다'를 뜻한다.
- 與(더불/줄 여)22 : 손(臼:양손 국)과 손(廾:두손 공)이 더불어(舁) 주고받음(与=與)에서 '더불다' '주다'로 쓰이며, '~와 함께'의 뜻으로도 쓰인다.
- 餘(남을 여)78 : 출장 도중에 막사(余)를 펼치고 남은 음식(食)을 배불리 먹는 데서 '남다'를 뜻한다. 참고 余(나 여):지붕(人)과 나무(木) 기둥만 있는, 관리가 먼 길을 갈 때 지니던 간편한 개인용 이동식 막사에서 '나'를 뜻한다.
- 亦(또 역)13 : 사람(大=亣) 양 옆 겨드랑이에 두 점(八)을 찍어 팔을 자꾸 흔들며 가는 데서 '또'를 뜻한다.
- 逆(거스릴 역)9 : 사람이 거꾸로(屰:거스를 역) 있듯, 거꾸로 가는(辶) 데서 '거스르다'를 뜻한다. 참고 屰(거스를 역) : 사람이 거꾸로 있는 모양에서 '거스름' '반대'를 뜻한다.
- 易(바꿀 역/쉬울 이)64 : 위의 그릇(日)에서 아래로 '쉽게' 흘려(勿) 보내 그릇을 '바꾸는' 모습. 파자 해(日) 아래 쉽게 펄럭이며 바람에 따라 방향이 바뀌는 깃발(勿). 해(日)와 달(月=勿) 등은 속설임.
- 淵(못 연)25 : 물(氵)이 흘러 모이는 연못(開) 모양에서 '연못'을 뜻한다.
- 然(그럴 연)75 : 개고기(肰)를 불(灬)에 태우듯 구워 먹는 일은 당연하다는 데서 '그러하다' '그렇다'를 뜻한다. 참고 肰(개고기 연):개(犬)의 고기(肉=月)에서 '개고기'를 뜻한다.
- 悅(기쁠 열)62 : 마음(忄)이 기쁨(兌)에서 '기쁘다'가 뜻이 된다. 참고 兌바꿀/기쁠 태:사람(儿)의 입(口)가에 주름(八)이 생길 정도로 '기쁘게' 웃어 모습이 '바뀜'을 뜻한다.
- 染(물들 염)62 : 나무(木)에서 채취한 염료를 물(氵)에 풀어 여러 번 많이(九) 담가두어 '물들임'을 뜻한다.
- 厭(싫어할 염)22 : 배가 불러(猒) 더 먹을 사이가 없듯 언덕(厂)에 막히거나 끼듯 '눌리어' '싫어함'을 뜻한다. 참고 猒(배부를 염):단(甘=日) 개(犬) 고기(肉=月)를 '배부르게' 먹음을 뜻한다. 또는 단(甘=日) 고기(肉=月)를 배부르게 먹는 개(犬)에서 '배부름'을 뜻함. 참고 肰(개고기 연).
- 泳(헤엄칠 영)25 : 물(氵) 속에서 길게(永) '헤엄치는' 것을 뜻한다. 참고 '永'과 '泳'은 자원이 같다. 참고

배정한자 해설

永(길 영) : 사람이 물속에서 멀리 **헤엄쳐** 가는 모습이나, 강물이 **길게** 흐르는 데서 '길다' '오래'를 뜻한다.

- 譽(기릴/명예 예)34 : 남의 좋은 점이나 좋은 뜻을, **말하여**(言) **주는**(與) 데서 '기리다' '칭찬하다' '명예'를 뜻한다. 참고 與더불/줄 여 : 손(臼 : 양손 국)과 손(廾 : 두손 공)이 더불어(舁) 주고받음(与=與)에서 '더불다' '주다'로 쓰인다.

- 五(다섯 오)81 : 물건이 **교차한**(㐅·╳) 모양에서 숫자 **중간**인 '다섯'이나, 천지(天地) 사이 '오행'을 뜻한다.

- 吾(나 오)6 : 천하지도 귀하지도 않게 **중간**(五) 정도의 자신을 이르는 **말**(口)에서 '나' '자신'을 뜻한다. 참고 五(다섯 오)

- 誤(그르칠 오)64 : 터무니없는 **큰소리**(吳)로 하는 **말**(言)에서 '그르치다'를 뜻한다. 참고 吳(성姓 오) : 사람이 머리를 **기울여**(矢 : 기울 녈) **입**(口) 벌려 크게 노래하거나, 동이(口)를 어깨에 메고 있는 **사람**(矢)으로 '큰소리'로 노래를 잘하거나, 동이를 많이 생산하던 '오나라' '姓(성)'을 뜻한다.

- 溫(따뜻할 온)7 : **죄수**(囚)에게 **그릇**(皿)에 **물**(氵)과 밥을 주는 **인자하고**(昷=𥁕 : 온화할 온) **따뜻한** 마음을 뜻한다. 파자 죄인(囚)에게 주는 그릇(皿)에 담긴 따뜻한 물(氵)에서 '따뜻함'을 뜻한다.

- 臥(누울 와)10 : **사람**(人)이 **눈**(臣)으로 아래를 보는 모양에서 '엎드리다' '쉬다' '눕다' '자다' 등을 뜻한다.

- 曰(가로/말할 왈)63 : **입**(口) 위에 소리부호(一)를 더해 '말을 함' '일컫다' '가로다'를 뜻한다.

- 往(갈 왕)30 : **길**(彳)을 **다님**(㞢=㞷=主 : 무성할 황)에서 '가다'를 뜻한다. 파자 주인(主)에게 감(彳). 참고 㞷(무성할 황) : **땅**(土) 위에 어지러운 **발**(㞢=之)자국처럼 **많은** 초목이 '무성하게' 자람을 뜻한다. 후에 '㞷(황)'은 '王(왕)'자처럼 변해 쓰였다.

- 王(임금 왕)31 : 넓적하고 **큰 도끼** 모양으로, 도끼로 사람을 다스리던 '왕'에서 '크고, 많음'을 뜻한다.

- 外(바깥 외)51 : **저녁**(夕)에 밖에 나가 별이나 달을 보며 먼 앞날을 **점**(卜)치는 데서 '바깥' '멀다'를 뜻한다. 참고 아침에 점을 치지 않고 저녁(夕)에 점치면(卜) 점이 빗나가는 데서 '바깥'을 뜻한다.

- 辱(욕될 욕)34 : **조개껍질**(辰)을 **손**(寸)으로 들고 농사하는 모양으로, 잘못된 농사와 관계하여 '욕됨'을 뜻한다.

- 欲(하고자할 욕)8 : 텅 빈 **계곡**(谷)처럼 입을 크게 **벌리고**(欠) 탐하는 데서 '하고자 하다'를 뜻한다.

- 用(쓸 용)38 : 여러 용도로 쓰이는 **나무로 만든 '통'**에서 '쓰다'를 뜻하며, 甬(종/솟을/길 용)은 솟은 (マ) 손잡이 부위가 있는 **나무통**(用)이나, 매달아 걸고 치던 '종'을 뜻한다.

- 容(얼굴/모양 용)85 : 산의 물을 다 받는 **계곡**(谷)처럼 많은 물건을 넣을 수 있는 '넓은' 집(宀)으로, '너그럽고' '편안함' '받아들임', 또는 耳目口鼻(이목구비)가 다 갖추어진 '얼굴' '모양'을 뜻한다.

- 憂(근심 우)21 : **머리**(頁)와 **마음**(心) 속에 근심(惪:근심 우)이 있어 천천히 걷는(夂) 데서 '근심'을 뜻한다.

- 優(넉넉할 우)38 : **사람**(亻)이 천천히 걸어 근심(憂)을 풀고 편안해짐에서 '편안하다' '넉넉하다'를 뜻한다.

四字小學 사자소학 365

- 友(벗/우애/친구 우)42 : 두 사람이 손(ナ)에 손(又)을 잡고 있는 데서, 뜻을 같이 하는 '벗'을 뜻한다.
- 于(어조사 우)51 : 숨이 막혀 탄식하는 모양, 악기를 완곡하게 연주하는 모양, **기운이 위로 퍼져나가는 현상** 등으로 보며, **발어사**로 쓰이고, 뜻은 '굽다' '크다' '가다'로, 丂·亏·亐·兮는 자원이 같다.
- 怨(원망할 원)26 : 분하여 몸을 뒹굴며(夗) 슬퍼하고 원망하는 마음(心)에서 '원망하다'를 뜻한다.
  참고 夗(누워뒹굴 원) : 저녁(夕)에 사람이 몸을 굽혀(㔾) 옆으로 누움에서 '누워 뒹굴다'를 뜻한다.
- 源(근원 원)44 : 물(氵) 줄기가 시작되는 언덕(厂) 아래 샘(泉=㫼)에서 '근원'을 뜻한다. 참고 原(언덕 원) : 언덕(厂) 아래 샘(泉=㫼)이 솟는 물의 '근원'으로 '언덕'을 뜻한다.
- 遠(멀 원)72 : 길고(袁) 먼 길을 오랜 시간을 걸어가는(辶) 데서 '멀다'를 뜻한다. 참고 袁(성姓 원) : 옷(衣)깃에 끈(一)과 옷 가운데 둥근 옥(口)이나 천을 덧댄 '넓고' '긴 옷'으로, '성'으로 쓰인다.
- 元(으뜸 원)77 : 옆으로 서 있는 사람(儿) 위에 우뚝하게(兀:우뚝할 올) 솟은 머리(一)로, 신체에서 가장 위인 머리에서 '으뜸'을 나타내고 '처음' '지도자' '사람의 머리' 등을 뜻하기도 한다.
- 謂(이를 위)35 : 음식을 소화하는 위(胃)처럼, 소화되고 이해해서 이르는 말(言)에서 '이르다'를 뜻한다. 참고 胃(밥통 위) : 사람의 몸(月) 중에 음식(米)이 들어 있는 위(囲=田)인 '밥통'을 뜻한다.
- 爲(할/될 위)38 : 손(爫)으로 코끼리를 길들여 일을 돕게 하는 데서 '하다' '위하다'를 뜻한다.
- 僞(거짓 위)62 : 사람(亻)이 억지로 꾸며서 하는(爲) 일에서 '거짓'을 뜻한다.
- 乳(젖 유)6 : 손(爫)으로 아이(子)를 품(乚:여기서는 젖 모양)에 안고 젖을 먹이는 데서 '젖'을 뜻한다.
  참고 孚(미쁠/참될/알깔 부) : 손(爫)으로 감싸듯 새가 자식(子)인 알을 정성을 다해 품는 데서 '미쁘다' '알을 까다'를 뜻한다. 참고 乙(을)은 '새의 모양'이라고 하나 '옷고름'으로도 보아 '달라붙다'의 뜻으로도 본다.
- 有(있을 유)9 : 손(ナ)에 고깃덩이(月)가 있는 데서 '있다'를 뜻한다.
- 柔(부드러울 유)40 : 부드럽고 질겨 휘었다 펴짐이 부드러운 창(矛)을 만드는 나무(木)에서 '부드럽다'를 뜻한다.
- 唯(오직/대답할 유)9 : 새(隹)가 한 가지 소리로 입(口) 벌려 응답하는 데서 '오직' '예' '대답'등을 뜻한다.
- 遊(놀 유)58 : 야외활동이나 군대에서 기(㫃)를 잡은 사람(子)의 깃발(斿:깃발 유)을 따라가며(辶) 노는 데서 '놀다'를 뜻한다. 파자 아이(子)가 깃발(㫃)을 잡고 돌아다니며(辶) 노는 데서 '놀다'를 뜻한다.
- 諛(아첨할 유)61 : 남이 듣기 좋은 말만 끌어(臾)다 하는 말(言)에서 '아첨하다'의 뜻이 생겼다. 참고 臾(잠깐 유) : 사람(人)을 두 손(臼=臼)으로 잠시 잡아끄는 데서 '잠깐' '끌다' '만류하다'를 뜻한다.
- 惟(생각할/오직 유)68 : 새(隹)처럼 습관적인 것만 마음(忄)속으로 '생각함'에서 '오직'을 뜻하기도 한다.
- 維(벼리 유)76 : 새(隹)그물을 버텨주는 끈(糸)처럼 사물의 중심을 이어 매는 끈인 '벼리'줄을 뜻한다.
- 幼(어릴/아이 유)80 : 작고(幺) 약한 힘(力)에서 '어리다' '아이'를 뜻한다. 참고 幺(작을 유), 또는 幺=糸의 변형.

배정한자 해설

- **踰**(넘을 유)15 : **발**(足)로 걷듯, **통나무배**(兪)를 타고 강을 건너감에서 '**넘다**'가 뜻이 된다. 참고 兪(대답할/인월도[人月刂]유) : 통나무를 뾰족한 **연장**(亼)으로 파낸 **배**(舟+月)와 남은 부스러기나 긁어낸 흔적(丨=〈), 또는 배가(舟) 뾰족한(亼) 앞 방향으로 물(巜:큰도랑 괴)을 따라 '**점점**' '**나아감**'을 뜻한다.
- **肉**(고기 육)42 : 저며 놓은 **고깃덩이** 모습으로 '**고기**'를 뜻한다. 변에 쓰일 때는 '月'로 변하여 '**육달월**'이라 한다.
- **恩**(은혜 은)7 : 남과의 관계에 **인하여**(因) 생긴 **마음**(心)에서 '**은혜**'를 뜻한다. 참고 因(인할 인) : 왕골이나 골풀로 짠 **사각형**(囗) 자리에 **누운 사람**(大)이나 **무늬**(大)로 '일정한 장소로부터'라는 뜻에서 '**인하다**' '**말미암다**' '**친하다**' '**연유**' 등을 뜻한다.
- **隱**(숨을 은)51 : **언덕**(阝)처럼 벽을 쌓아 **조심히**(㥯) 가림에서 '**숨기다**'를 뜻한다. 참고 㥯(삼갈 은) : 두 손(爫·ヨ)으로 **연장**(工)을 잡고 **조심**(心)하여 건물을 쌓는 데서 '**삼가다**' '**조심함**'을 뜻한다.
- **飮**(마실 음)22 : 통에 든 **음식**(食=𩙿)을 **입 벌려**(欠) 먹는 데서 '**마시다**'를 뜻한다.
- **應**(응할 응)75 : **집**(广)에서 **사람**(亻)이 기른 **매**(倠)가 사냥하여 주인의 **마음**(心)에 '**응함**'을 뜻한다.
- **衣**(옷 의)19 : 옷의 **깃**(亠)과 소매와 옷자락(𧘇)이 잘 나타나 있는 웃옷의 모양으로 '**옷**'을 뜻한다.
- **倚**(의지할/기댈 의)15 : 먼 길을 말을 **타고**(奇) 의지하여 가듯, 다른 **사람**(亻)에 기대여 '**의지함**'을 뜻한다. 참고 奇(기특할/어찌 기) : **연장자루처럼**(可) 한쪽 발로 서(立=大) '**기이하게**' 서 있는 사람, 또는 **사람**(大)이 말 등(可)에 올라탄(奇) '**기이하고**' '**신기한**' 모습인 騎(말탈 기)의 본자로 '**기특함**' '**어찌**'를 뜻한다.
- **矣**(어조사 의)41 : **화살**(矢)은 쏘면 어딘가에 이르러(以=厶) 머무는 데서 문장 끝의 '**어조사**'로 쓰인다. 파자 세모진(厶) 과녁에 **화살**(矢)이 맞아 일이 끝남에서 문장 끝을 나타내는 '**어조사**'로 쓰인다.
- **義**(옳을 의)76 : 새의 깃으로 **양**(羊)뿔처럼 장식한 의식(儀式)용 **창**(我). 또는 **양**(羊)고기를 잘라(我) 나누어 먹는 데서 '**옳다**'를 뜻한다. 파자 **창**(我)으로 **양**(羊)을 잡아 옳은 일을 위해 제사하는 데서 '**옳다**' '**바르다**' '**의리**'를 뜻한다. 참고 我(나 아)자 참고.
- **宜**(마땅 의)73 : '且'와 같은 글자로, 집(宀)안에서 제물을 쌓아(且) 제사함이 '**마땅하다**'는 뜻이다. 참고 且(또 차) : 제단 위 도마에 고기를 높게 '**쌓은**' 모양, 조상 대대로의 位牌(위패)에서 '**또**'를 뜻한다.
- **疑**(의심할 의)83 : 갈 길을 잃어, 길에서 머뭇거려 헤매는 사람(치매 노인)에서 '**의심하다**'를 뜻한다. 파자 **비수**(匕)나 **화살**(矢)이 나에게(予=マ) 날아올까 **발**(疋)을 멈칫거림에서 '**의심함**'을 뜻한다.
- **以**(써 이)17 : 막 태어나려는 뒤집힌 태아의 모습(𠂤)에 **사람**(人)을 더해 시작의 '**원인**' '**이유**'에서 '**~로써**'를 뜻한다. 파자 쟁기모양의 도구(𠂤)로써 일하는 **사람**(人)에서 '**~로써**'를 뜻한다.
- **而**(말이을/뿐 이)14 : 턱 밑에 드리운 '**수염**' 모양으로, 앞뒤 '**말을 이어주는**' 조사나 '**뿐**' '**너**'를 뜻한다.
- **異**(다를 이)35 : 두 손(共)으로 무서운 **가면**(田)을 써 정상인과 달리하여 귀신을 쫓아냄에서 '**다름**'을 뜻한다. 파자 **밭**(田)에 함께(共) 심어진 곡식이 모두 다르게 자람에서 '**다름**'을 뜻함.
- **已**(이미 이)42 : 태아가 이미 성숙하여 막 태어나려고 하는 모양에서 '**이미**'를 뜻한다.

배정한자 해설 · 115

四字小學 사자소학 365

- 夷(오랑캐 이)48 : 사람이 크고(大) 활(弓)을 잘 다루던 중국 동쪽 밖의 '이민족'인 '오랑캐'를 뜻한다.
- 怡(기쁠 이)49 : 처음 아이(台)가 생김에서 마음(忄)이 '기쁨'을 나타낸다. 참고 始(비로소/처음 시)에서 台(태)자 참조.
- 爾(너 이)68 : 평평한 틀(丁) 아래 실을 나누어(八) 서로 엇갈려(爻) 밝고(㸚:밝을 례) 고운 비단을 엮은 모습이나, 누에가 실을 엇갈려 고치를 짓는 모양으로, 상대를 위해 함에서 '너'를 뜻한다. 참고 㸚(밝을 례):대나 실을 서로 엉성하게 엇갈려(爻) 놓은 모양에서 '밝다'를 뜻한다.
- 益(더할/유익할 익)57 : 물(水)이 그릇(皿)에 차고 넘쳐 풍성하고 여유 있는 데서 '더하다' '유익하다'를 뜻한다.
- 人(사람/남 인)8 : 사람이 옆으로 서 있는 모양. 변(邊)으로 쓰일 때는 亻(인)을 쓰며 '사람' '남(他人)'을 뜻한다.
- 仁(어질 인)56 : 두(二) 사람(亻)의 친선·우애 같은 마음 등을 뜻하여 '어질다'를 뜻한다.
- 姻(혼인 인)88 : 딸(女)과 어떤 연유에 인하여(因) '혼인'함을 뜻하며, 사위의 아버지를 姻(인)이라 하였다. 참고 恩(은혜 은)에서 因(인)자 참고.
- 一(한 일)30 : 물건 하나(一)를 나타내 '하나'를 뜻하며, 일의 '시초'나 '처음'을 뜻하기도 한다.
- 逸(편안할 일)74 : 토끼(兔)가 빠르게 달려(辶) '도망가' 안전하게 '숨음'에서 '잃어버리다' '편안하다'로 쓰인다. 참고 兔(토끼 토):긴 두 귀(刀)와 짧은 꼬리(ヽ)를 가진 토끼의 상형으로 '토끼'를 뜻한다.
- 入(들 입)11 : 뿌리가 갈라져 땅 속으로 들어가거나, 움집을 들어가는 입구 모양에서 '들어가다'를 뜻한다.
- 字(글자 자)69 : 집(宀)에서 아이(子)를 낳아 기름을 뜻하며, 생겨나는 모든 것을 나타내는 '글자'를 뜻한다.
- 子(아들/자식 자)25 : 머리가 큰 어린아이가 강보에 싸인 모양으로, '자식' '아들' '새끼' 등을 뜻한다.
- 者(놈/사람 자)8 : 솥(日)에 나물과 고기(=耂) 등 '여러 물건'을 넣고 삶는 모양으로, 여러 물건이나 사람 등을 나타내어 '놈'을 뜻하기도 한다. 파자 노인(老)에게 아뢰는(白) '놈'을 뜻한다.
- 姉(손윗누이 자)42 : 다 자란(朿=本=市) 여자(女)라는 뜻으로 자신보다 나이 많은 '손윗누이'를 뜻한다. ※姊가 본자. 참고 朿(그칠 자/지) : 무성한 초목(屮)이 자라다 그침(一)을 표하여 '그치다'를 뜻한다.
- 自(스스로 자)19 : 코의 모양이나, 코를 가리키며 자신을 말하는 데서 '스스로' '자기'를 뜻한다. 본뜻은 '코'다.
- 藉(깔 자)69 : 왕이 들에서 농사지을(耤) 때 땅에 풀(艹)을 깔고 제사하던 데서 '깔다' '어수선함'을 뜻한다. 참고 耤(친경 적):옛날(昔) 임금이 친히 쟁기(耒)를 잡고 밭을 가는데서 '친경(親耕)함'을 뜻한다.
- 慈(사랑 자)90 : 자식에 대한 사랑이 무성한(玆) 어머님 마음(心)에서 '사랑'을 뜻한다. 참고 玆(이 자):따뜻한 물에 불린 고치에서 뽑은 실을 물에 씻어 일정한 장소에 연달아 매달아(玆) 둠에서 '이, 이에' '따뜻함'을 뜻하고, 씻은 물이 더러움에서 '검다'를 뜻하며, 茲(무성할 자)와 혼용한다.
- 作(지을/이룰 작)75 : 사람(亻)이 잠깐잠깐(乍) 바느질하여 옷을 지음에서 '짓다' '이루다'를 뜻한다. 참고 乍(잠깐 사) : 아직 이루지 못한 옷깃 부분을 바느질하여 '잠깐' 동안에 '옷을 이룸'을 뜻한다.

배정한자 해설

- **雜(섞일 잡)13** : 나무 위에 온갖 새가 **모이듯**(集) 오색이 섞인 **옷**(衣=众)에서 '섞이다'를 뜻한다. ※ 襍=雜
- **長(긴/어른 장)80** : 머리가 긴 노인이 지팡이를 들고 서 있는 모양에서 '길다' '어른' '자라다' '장점'을 뜻한다.
- **莊(씩씩할 장)86** : **풀**(艹)이 이제 막 다 자란 **장사**(土)처럼 **씩씩하게**(壯) 보여 '씩씩하게'를 뜻한다. 참고 壯(장할 장) : 어린 **장사**(土)가 나무 **널조각**(爿)을 들고 건축 일에 부역할 정도로 자라 '씩씩하고' '장함'.
- **在(있을 재)59** : **땅**(土)에 꽂아놓은 **측량도구**(才)나, **싹**(才=)이 **땅**(土)에 자리 잡고 움트는 데서 '있다'를 뜻한다.
- **適(맞을/갈 적)30** : 알맞게 자란 과일꼭지 **밑동**(啇)이 떨어져 흩어지는 데서 '가다' '알맞다' '맞다'를 뜻한다. 참고 啇(밑동 적) : **제단**(口)에 **묶은 나무**(帝)나, 꽃대에 모인 **꽃받침**(啻=啇)인 꼭지에서 '밑동' '근본'을 뜻한다.
- **狄(오랑캐 적)48** : **붉은**(赤) **개**(犭)나, **겨드랑이**(亦) 사이에 **개**(犭)와 함께 사는 민족을 뜻하나, '赤'이나 '亦'을 '火'로 바꾸어 **불**(火)과 **사냥개**(犭)를 가까이하던 '북녘 오랑캐'를 뜻한다.
- **赤(붉을 적)60** : **크고**(大=土) 붉은 **불**(火=灬)빛이나, 알몸으로 붉은 **불**(火)에 처형당하는 **죄인**(大)에서 '붉다' '발가숭이' '멸하다'를 뜻한다.
- **積(쌓을 적)78** : 농사지어 거둔 **벼**(禾)를 책임 있게 잘 **쌓아**(責) 보관함에서 '쌓다'를 뜻한다. 참고 責(꾸짖을 책)자 참고.
- **前(앞 전)16** : 제사하기 전에 먼저 **그릇**(凡→舟)에 **발**(止)을 씻는 데서 '먼저' '앞'을 뜻함. 또는 **발**(止=丷)을 **배**(舟=月) **앞**(歬:前의 古字)에 두어 배가 '앞'으로 '나아가다'를 뜻한다. 파자 두 뿔 **머리**(丷)를 한 초승달(月) 모양의 배가 **칼**(刂)처럼 물을 가르며 '앞'으로 간다.
- **專(오로지/마음대로 전)19** : **물레**(叀 : 물레 전)나 실패를 **손**(寸)으로 돌려 조심하여 실을 감는 데서 '오로지' '물레'를 뜻한다.
- **節(마디/절약할 절)38** : **대**(竹)가 자라 **나아가며**(卽) 일정하게 생기는 '마디'로 보나, **죽간**(竹)에 쓴 명령을 제단에 **음식**(皀)을 차려 예를 드리고 **몸**(卩)을 굽혀 받드는 데서 '예절' '절도'를 뜻하기도 한다. 참고 卽(곧 즉):고소한 **음식**(皀)에 **몸**(卩)을 숙여 나아감에서 '곧' '가깝게' '나아감'을 뜻한다.
- **正(바를 정)58** : 잘못된 **나라**(囗=一)를 **쳐서** 바로잡기 위해 **발**(止)로 나아감에서 '바르다' '바로잡다'를 뜻한다.
- **整(가지런할 정)69** : 물건을 **묶고**(束) **쳐서**(攵) 바르게 **바로잡아**(正) 다스리는(政) 데서 '가지런하다'를 뜻한다.
- **貞(곧을 정)77** : 큰 **솥**(鼎=貝)에 재물을 바치고 **점**(卜)을 쳐서 좋고 옳은 일을 물음에서 '곧다'를 뜻한다. 파자 **점**(卜)괘가 곧게 나오길 바라 **재물**(貝)을 바침에서 '곧다'를 뜻한다.
- **靜(고요할 정)85** : **다툼**(爭)이 그치고 푸르고(靑) 깨끗해져 고요함에서 '고요하다'를 뜻한다. 참고 爭(다툴 쟁):두 **손**(爫·彐)이 서로 **물건**(亅)을 당겨 빼앗으려 다투는 모양에서 '다투다'를 뜻한다.

四字小學 사자소학 ③

- 齊(가지런할 제)89 : 가지런히(二) 자란 곡식의 이삭 모양(斉=斊)에서 '가지런하다'를 뜻한다.
- 弟(아우 제)42 : 주살(弋)의 줄을 차례차례 활(弓) 모양으로 감아놓은 모양에서 '차례' '순서' '아우'를 뜻한다. 파자 갈래머리(丫:갈래 아)하고 활(弓)을 삐쳐(丿) 틀어지게 맨 '아우'를 뜻한다.
- 悌(공손할 제)67 : 형을 공경하는 아우(弟)의 마음(忄)이나, 형제의 화목함에서 '공손함'을 뜻한다.
- 助(도울 조)88 : 제사음식을 쌓는(且) 데 힘(力)을 더하여 돕는 데서 '돕다'를 뜻한다. 참고 宜(마땅 의)의 且(차)자 참조.
- 足(발 족)84 : 무릎(口)부터 발(止)까지에서 '발'을 나타내며, 만족하여 발이 머무름에서 '만족'을 뜻한다.
- 宗(마루 종)31 : 선조의 신위(示)를 모셔놓고 제사하는 집(宀)으로, 집안의 모든 일을 가장 먼저 사당에 고함에서 '마루' '으뜸' '종가'를 뜻한다.
- 終(마칠 종)33 : 실(糸)의 양쪽 끝(冬)에서 '마치다' '끝내다'를 뜻한다. 참고 冬(겨울 동)자 참고.
- 從(좇을/따를 종)9 : 두 사람(从)이 발(止=) 로 서로를 따라 걷는(彳) 데서 '좇다'를 뜻한다.
- 坐(앉을 좌)11 : 두 사람(从)이 땅(土)에 마주 '앉아' 있음을 뜻한다.
- 罪(허물 죄)30 : 날개(非)처럼 펼친 물고기 그물(罒)이나, 법망(罒)이 아닌(非) 일에서 '범죄' '허물'을 뜻한다.
- 朱(붉을 주)60 : 나무(木)의 중간 '기둥' 부분을 가리키는 지사(指事)자. '자른' 나무 기둥의 속이 붉은 데서 '붉다'의 뜻이 나왔다. 또는 '붉은' 구슬을 양쪽으로 묶은 모양으로도 본다.
- 晝(낮 주)76 : 붓(聿)으로 해(日)가 떠오름을 경계(一)로 그어 밤과 낮을 정한 데서 '낮'을 뜻한다. ※ 붓(聿)으로 해가 막 떠오르는 아침(旦)을 경계로 그어 '낮'을 뜻한다.
- 中(가운데 중)12 : 원시거주지(口) 중앙에 세워둔 깃대(丨)로, 모두 모여 마을 일을 처리했던 장소에서 '가운데'를 뜻한다.
- 重(무거울 중)84 : 무겁고 중요한 짐(東)을 지고 있는 사람(亻)으로 '무겁다' '중요하다' '거듭'을 뜻한다. 파자 천(千) 리(里)를 가는 '무거움'을 뜻한다.
- 卽(곧 즉)27 : 고소한 음식(皀)에 몸(卩)을 숙여 나아감에서 '곧' '가깝게' '나아감'을 뜻한다.
- 地(따/땅 지)7 : 끝없이 길게(也) 펼쳐진 흙(土)에서 '땅(따)'을 뜻한다. 참고 也(어조사 야)자 참고.
- 之(갈/어조사 지)26 : 서 있는 발인 '止'와 같이 땅과 발을 나타내나, 뜻은 止와 달리 '가다'를 뜻한다. 참고 之(지)는 조사로 쓰일 때는 '대명사' '이것' '주격' '~의' '~에' '강조' '~과' 등으로 쓰인다.
- 枝(가지 지)44 : 나무(木)의 가지(支)를 뜻한다.
- 知(알 지)66 : 사물의 이치를 화살(矢)처럼 빨리 알아 입(口)으로 그 '앎'을 말함을 뜻한다. 또는 울리는 화살인 효시(嚆矢)를 쏘거나, 입으로 공격을 알리는 데서 '알림'을 뜻한다고도 한다.
- 智(지혜 지)77 : 해(日)처럼 사리(事理)를 밝게 앎(知)을 뜻하여, '슬기' '지혜'를 뜻한다.
- 持(가질 지)75 : 관청(寺)에서 맡은 일을 손(扌)으로 잡고 있는 데서 '가지다'를 뜻한다. 참고 待(기다릴 대)에서 寺(절 사)자 참조.
- 止(그칠 지)85 : 서 있는 '발'의 모양을 보고 만든 글자에서 '그치다' '머무르다'를 뜻한다. 참고 '止(지)'

자와 만나는 글자는 '밭'의 작용과 관계가 있다.
- 直(곧을 직)40 : 눈(目)에 곧은(丨=十) 측량도구와 직각을 그리는 자(乚)로 곧게 그림에서 '곧다'를 뜻한다.
- 塵(티끌 진)29 : 무리의 사슴이 거칠게(麤=鹿:거칠 추) 땅(土)을 달려 일어나는 '먼지'나 '티끌'을 뜻한다.
- 珍(보배 진)28 : 옥(玉)을 많이(㐱) 지니고 있음에서 '보배'를 뜻한다. 참고 㐱(숱많을 진):사람(人) 몸에 긴 털(彡)이 자라 '숱이 많음'을 뜻한다. 참고 肜(새깃 처음 날 진) 夋(깃나서 처음 날 진).
- 盡(다할 진)37 : 손(크)으로 솔(ㅅ)을 잡고(⺻=肀) 그릇(皿) 속의 찌꺼기(灬)를 다 없애는 데서 '다하다'를 뜻한다.
- 進(나아갈/올릴 진)9 : 새(隹)는 벌새 이외에는 모두 앞으로만 날아감(辶)에서 '나아가다'를 뜻한다.
- 疾(병 질)71 : 화살(矢)을 맞아 '병(疒)'이 생김을 뜻하며, 가벼운 병을 疾(질), 심한 병을 病(병)이라 하였다.
- 此(이 차)35 : 사람(匕:亻의 반대모양)의 발(止)이 머문 곳, 즉 가까운 곳에서 '이' '이곳'을 뜻한다.
- 嗟(탄식할 차)93 : 상아(象牙)의 어긋난(差) 부분을 돌(石)에 가는 데서 '갈다'를 뜻한다. 참고 差(다를 차):어긋나게 늘어진 벼이삭(禾=ﬥ=ﾖ)을 왼손(左)으로 잡고 있는 데서 '다르다' '어긋나다'를 뜻한다.
- 蹉(미끄러질 차)93 : 발(足=⻊)이 어긋나(差) 미끄러져 넘어짐에서 '미끄러지다'를 뜻한다.
- 着(붙을 착)22 : 著(저)의 속자. 파자 양(羊)의 털이 삐쳐(丿) 눈(目)에 달라붙음에서 '붙다'로 쓰인다.
- 讚(기릴/칭찬 찬)61 : 남의 좋은 점을 말(言)하여 칭찬하고 돕는(贊) 데서 '칭찬' '기리다'를 뜻한다. 참고 贊(도울 찬):예물(貝)을 들고 서로 먼저 나아가다(兟:나아갈 신) 도움에서 '돕다'를 뜻한다.
- 饌(반찬/음식 찬)21 : 밥(食=飠)과 같이 선택(巽)하여 먹을 수 있도록 올린 '반찬' '음식'을 뜻한다. 참고 巽(괘이름/유순할 손):선택받은 두 사람(㔾:갖출 선)이 높은 돈대(兀)에 있는 모양으로, '선택' '괘 이름'을 뜻한다.
- 唱(부를 창)41 : 입(口)으로 아름답고 크게 부르는 소리(昌)에서 '노래'를 뜻한다. 참고 昌(창성할 창):해(日)처럼 밝고 분명한 말(曰)에서, 아름다운 말, 널리 퍼지는 '큰소리'로 '창성하다'가 된다.
- 責(꾸짖을 책)10 : 가시(朿=主)로 조개(貝)의 살을 파먹거나, 오래 쌓인 빚을 재물(貝)로 갚기를 가시(朿)처럼 꾸짖어 요구하는 데서 '꾸짖다' '책임'을 뜻한다.
- 冊(책 책)69 : 대를 잘라 만든 죽간(竹簡) 여러 개를 끈으로 묶어놓은 '책'을 뜻한다.
- 處(곳 처)56 : 호피(虎皮) 관을 쓴 사람이 걷다(夂) 안석(几)에 기대어 머물러 쉬는 곳(处:곳 처)에서 '곳' '쉬다'를 뜻한다. 파자 호랑이(虍)가 다니는(夂) '곳'을 뜻한다.
- 戚(친척 척)88 : 도끼(戉)들고 서로 염려하며 적과 싸우고, 도우며 농사(尗=菽:콩 숙)하는 '친척'을 뜻한다. 참고 尗(콩 숙) : 주살(弋) 모양의 도구(卜)로 땅(一) 아래 작고(小) 콩같이 둥근 '토란뿌리'를 캐는 데서, 모양이 둥근 콩과 같아 '콩'을 뜻한다.
- 天(하늘 천)7 : 사람(大)의 머리(口=一) 부분을 크게 그린 상형으로 머리꼭대기에서 '하늘'의 뜻이

四字小學 사자소학 365

되었다. 참고 사람(大) 위의 하늘(一)을 나타냄.

• 踐(밟을 천)15 : 발(足)로 밟아 작게(戔) 부수거나 해침(戔)에서 '밟다'를 뜻한다. 참고 戔(해할 잔) : 창(戈)으로 상대를 잔인하게 바스러지게 '해침'에서 '적다' '작다' '남다' '얇다'로 쓰인다.

• 諂(아첨할 첨)61 : 진실이 아닌 것을 말하여(言) 남을 기쁘게 하여 함정(臽)에 빠뜨리는 '아첨함'을 뜻한다. 참고 臽(구덩이 함) : 사람(人=⺈)이 땅을 파내어 절구(臼)로 쓰던 '구덩이'를 뜻한다. 또는 절구처럼 판 구덩이.

• 聽(들을 청)17 : 귀(耳)를 우뚝(壬 : 정) 세워 덕(悳)이 있는 말을 귀담아 듣는 데서 '듣다'를 뜻한다. 참고 悳(큰 덕) : 마음(心)이 곧음(直)에서 '德(덕)'과 같은 자. 사람이름에 주로 쓰이며 '덕'이 '큼'을 뜻한다.

• 體(몸 체)32 : 인체 각 부위에 풍성히(豊) 잘 갖추어진 근골(骨)에서 '몸' 전체 부위를 나타낸다. 참고 豐·豊(풍년 풍) : 제기(豆)에 산(山)처럼 풍성히(丰) 담긴 햇곡식에서 '풍년'을 뜻한다. 豐(풍)이 본자(本字)임.

• 聰(귀밝을 총)82 : 귀(耳)로 빨리(悤) 알아듣고 깨달음에서 '귀 밝다'를 뜻한다. 참고 悤(바쁠 총) : 창(囱)으로 빨리 환기시켜 밝게 하려는 마음(心)에서 '바쁘다' '빠르다'를 뜻한다. ※怱(총)은 悤(총)의 속자(俗字).

• 帚(비 추)29 : 비를 세워둔 모양에서 '빗자루' '비'를 뜻한다.

• 趨(달아날/달릴 추)9 : 꼴(芻)처럼 묶인 발이, 보폭을 좁게 종종걸음으로 조심히 달려(走) '달아남'을 뜻한다. 참고 芻(꼴 추) : 풀(艹)을 손(又)으로 잡아 뜯음, 후에 풀(屮)을 감싸(勹) 묶은 짐승의 먹이인 '꼴'을 뜻하였다.

• 瘳(병나을 추)21 : 병(疒)이 날아감(翏 : 높이날 료)에서 '병이 나음'을 뜻한다. 참고 翏(높이날 료) : 숱 많은 새(㐬=厽=参 : 숱 많을 진)가 날개(羽)를 펴고 높이 나는(翏 : 날 료) 모양임.

• 出(날 출)11 : 움집(凵)에서 발(止=屮)이 밖으로 나가는 모양에서 '나오다' '나가다'의 뜻이 된다.

• 忠(충성 충)37 : 정직하고 진실하여 중심(中)을 지켜, 온 마음(心)을 다하는 '충성'을 뜻한다. 참고 中(중)자 설명.

• 就(나아갈 취)60 : 더욱(尤) 드러나게 높고 크게(京) 나아가 '이룸'에서 '나아가다'를 뜻한다. 참고 京(서울 경) : 높은(冂=小) 언덕 위에 크고 높게(亠) 잘 지은 임금 집(口)인 궁궐에서 '서울' '크다'를 뜻한다.

• 側(곁 측)11 : 사람(亻)이 솥(鼎=貝) 양쪽 '곁'에 있는 모양이나, '곁'에서 법칙(則)을 새기는 모양으로 변했다. 참고 則(법칙/본받을 칙)자 참고.

• 治(다스릴 치)89 : 물(氵)길이 순리대로 잘 다스려져 기뻐함(台)에서 '다스리다'가 뜻이 된다. 참고 始(시)에서 台(태)자 참조.

• 恥(부끄러울 치)72 : 귀(耳)로 자신의 잘못을 들으면 마음(心)에 부끄러움이 생김에서 '부끄럽다'를 뜻한다.

• 則(법칙/본받을 칙)70 : 솥(鼎=貝)에 중요한 법칙이나 법 등 곧 지켜야 할 규율을 칼(刂)로 새기는

배정한자 해설

데서 '법칙' '곧' '본받음'을 뜻한다. 파자 칼(刂)로 재물(貝)을 법칙에 따라 나누는 데서 '법칙'을 뜻한다.

- 親(친할/어버이 친)35 : 나무(木)에 가시(辛)가 달려 달라붙듯(亲=亲) 서로 친하게 보는(見) 데서 '친하다'로 쓰인다. 파자 나무(木) 위에 올라서서(立) 친한 사람을 찾아봄(見)에서 '친하다'를 뜻한다. 참고 亲(작은열매 진) : 나무(木)에 가시(辛) 많은, '작은 열매'를 맺는 나무로 '가시나무' '작은 열매'를 뜻한다.

- 枕(베게 침)27 : 나무(木)로 만든 베개(冖)를 베고 자는 사람(儿), 또는 나무(木)로 만든 베개를 베고 잠에 잠기는(沈=冘) '베개'. 파자 나무(木)로 만든, 기대어 잠시 머뭇거리다(冘) 잠드는 '베개'. 참고 冘(머뭇거릴 유) : 사람(儿)이 먼(冂=冖) 곳으로 '머뭇거리며' 나아가는 데서 '머뭇거림'을 뜻한다.

- 寢(잘 침)20 : 집(宀) 침상(爿)으로 나아가(㝱) 잠듦에서 '자다'를 뜻한다. ※寑이 본자. 寢은 앓아 '눕다'임. 참고 㝱(조금씩 할 침)은 비(帚=㝱 : 비추)를 손(又)에 들고 쓸면서 '조금씩 나아감'을 뜻함.

- 他(다를/남 타)91 : 뱀(它=也)에게 별다른 해를 입지 않은 사람(亻)에서 '남' '다르다'를 뜻한다. 참고 它(뱀 사/타) : 머리(宀)가 크고 꿈틀꿈틀 변화(匕)하는 몸이 긴 '뱀'에서 '다르다'로 쓰인다.

- 唾(침 타)13 : 입(口)에서 흘러 나와 드리워진(垂) '침'을 뜻한다. 참고 垂(드리울 수 : 꽃잎이 땅에 드리워진 모양. 파자 많은(千) 꽃잎(卄)이 땅(土)에 '드리워짐'을 뜻한다.

- 怠(게으를 태)9 : 기뻐하여(台) 일을 게을리 하는 마음(心)에서 '게으르다'가 된다. 참고 始(시)에서 台(태)자 참조.

- 擇(가릴 택)57 : 잘 살펴서(睪) 좋은 것을 손(扌)으로 가림에서 '가리다'를 뜻한다. 참고 睪엿볼 역 : 눈(目=罒)으로 죄(幸)가 있는지를 살펴보는 데서 '엿보다'를 뜻한다.

- 退(물러날 퇴)39 : 해(日)가 천천히(夊) 물러감(辶)인 '退=復'가 본자(本字) 참고 일을 그리고(艮) 가는(辶)데서 '물러남'을 뜻한다.

- 鬪(싸움 투)24 : 제기(䀠)를 도끼(斤)로 부수며(斲 : 깎을 착) 싸우는(鬥) 모양, 제기(豆)를 손(寸)에 들고 싸우는(鬥) 모양으로 변했다. 참고 '斲'=䀠(큰 술잔 두)→豆. 钅(잡을 극)→斤→寸.

- 平(평평할 평)30 : 굽어 오르던 기운(亏)이 나뉘어(八) '평평함', 좌우 대칭의 '평평한' 저울에서 '공평함', 물 위에 '평평하게' 떠 있는 풀(萍 : 부평초 평)의 초기 모양 등 학설이 많다.

- 閉(닫을 폐)12 : 문(門)의 빗장(十)을 걸어(丿) 닫은(才) 데에서 '닫다'가 뜻이 된다.

- 哺(먹일 포)6 : 입(口)을 크게(甫) 벌려 먹이는 데서 '먹이다'를 뜻한다. 참고 甫(클 보) : 남새밭(田=用)에서 많은 싹(屮=十)들이 점점(丶) 자라나 크는 데서 '크다' '넓다'를 뜻한다.

- 飽(배부를 포)7 : 뱃속에 음식(食)물이 가득 싸여(包) 배부름에서 '배부르다' '물리다' '싫증나다'로 쓰인다. 참고 包(쌀 포) : 미성숙한 아이(子=巳)를 뱃속에 감싸고(勹) 있는 모습에서 '싸다' '포함하다'로 쓰인다.

- 稟(여쭐 품)19 : 식(禾)을 보관한 창고(亩) 모양으로, 백성에게 식량을 '줄' 것을 '여쭙는' 것을 뜻한다. 참고 亩(쌀광 름) : 높게(亠) 사방을 둘러싸고(回) 곡식을 보관하는 '쌀광' '창고'를 뜻한다.

- 被(입을/이불 피)27 : 주로 잘 때 몸에 옷(衤)처럼 걸치는 가죽(皮)으로 '입다' '덮다'를 뜻한다.

- 彼(저 피)65 : 몸통에서 가죽(皮)을 벗겨내듯, 이곳에서 떠나 다른 곳으로 감(彳)에서 '저' '저것'을 뜻

四字小學 사자소학 365

한다.
- 必(반드시 필)29 : 경계를 **나눈**(八) **말뚝**(弋), 또는 물건을 가득하게 담은 **도구의 자루**로, 꼭 확인하기 위한 도구에서 '**반드시**' '**오로지**'를 뜻한다.
- 乏(모자랄/부족할 핍)71 : 正자의 반대 모습인 '丐'(乏의 本字)로 바르지 않음에서 '**모자라다**' '**부족함**' '**벗어남**'을 뜻한다. 파자 바르게 **가지**(之) 못하고 잘못 **삐져**(丿) 가는 데서 '**모자람**'을 뜻한다.
- 夏(여름 하)27 : 더워서 **머리**(頁)와 **발**(夂)을 드러내고 다니던 지방의 사람모양에서, 더운 '**여름**'을 뜻한다. 참고 사지(四肢)와 머리(頁)를 드러낸 중원지방의 사람모습으로 '華(화)'와 음이 비슷하여 중화(中華)로 발전하고 '여름'의 뜻으로 가차(假借)되었다.
- 何(어찌 하)37 : **사람**(人)이 큰 짐을 나뭇가지에 **메고 있는 형상**(可)으로, 荷(하)의 본자. 짐을 메고 가는 방향이나 '짐' 안의 내용을 궁금히 여기는 데서 '**어찌**' '**무엇**' 등으로 쓰인다.
- 下(아래 하)72 : **기준선**(一)보다 **아래**(卜)에 있음에서 '**아래**'를 나타낸다.
- 學(배울 학)38 : **아이**(子)가 **두 손**(臼)으로 줄을 **엮어**(爻) 살아갈 **집**(冖=宀)을 만드는 방법을 배움을 뜻한다. 파자 **아이**(子)가 책상(冖)에서 **두 손**(臼)으로 **효**(爻)를 배움에서 '**배우다**'를 뜻한다.
- 陷(빠질 함)64 : 벽이 **언덕**(阝)처럼 높고 **절구**(臼)처럼 깊게 파인 **구덩이**나 함정에 **사람**(⺈)이 '**빠짐**'을 뜻한다. 참고 諂(아첨할 첨)에서 臽(구덩이 함)자 참고.
- 合(합할 합)40 : 그릇의 **뚜껑**(亼)과 **그릇**(口)이 서로 잘 맞거나, 또는 여러 사람의 **말**(口)이 **모여**(亼) 합해짐에서 '**합하다**' '**모이다**' '**맞다**'를 뜻한다. 참고 盒(합)과 같은 자.
- 抗(겨룰/대항할 항)45 : **손**(扌)을 높게(亢) 들어 올리거나 손을 들어 **대항함**에서 '**막다**' '**겨루다**'를 뜻한다. 참고 亢(높을 항):사람의 다리를 묶어 높게 세워둔 모양이나, **머리**(亠) 부분이 **안석**(几)처럼 '높음'을 뜻한다.
- 害(해할 해)57 : **집**(宀)안을 **흐트러지게**(丯:흐트러질 개) 하는 **말**(口)에서 '**해롭다**' '**해하다**'를 뜻한다. 참고 丯(흐트러질 개) : 초목이 흐트러져 있거나 자라는 모양으로 '**흐트러지다**'를 뜻한다.
- 楷(본보기/바를 해)69 : 줄기와 가지가 **다**(皆) 곧은 **나무**(木)에서 '**바르다**'를 뜻하고, 자공(子貢)이 공자 사당에 심어 곧음을 본보기로 삼은 데서 '**본보기**' '**모범**'을 뜻한다. 참고 皆(다 개):여러사람(比)이 함께 **말**(曰=白)을 함에서 '**다**' '**모두**'를 뜻한다.
- 行(다닐/행할 행)33 : 사람이나 마차가 다니던 **네 거리 모양**의 길에서 '**다니다**' '**가다**'를 뜻한다.
- 獻(드릴 헌)14 : **범**(虍)이나 **개**(犬)를 **솥**(鬲)에 삶거나, 범아가리처럼 큰 **솥**(鬳:솥 권)에 **개**(犬)를 삶아 신에게 바치며 제사하던 데서 '**드리다**' '**바치다**'를 뜻한다.
- 顯(나타날 현)33 : **머리**(頁)에 **밝게**(㬎) 드러나게 두른 머리 장식에서 '**나타나다**'를 뜻한다. 참고 㬎(밝을 현):밝은 **햇볕**(日)에서 **실**(絲=糸)을 보거나, 드러내 말리는 데서 '**드러내다**' '**밝다**'를 뜻한다.
- 現(나타날 현)51 : **옥**(玉)빛이 아름다워 눈에 띄게 **보임**(見)에서 '**나타나다**'를 뜻한다.
- 血(피 혈)43 : **그릇**(皿)에 희생물의 **피**(丶)를 담아놓은 데서 '**피**' '**눈물**' '**열렬함**'을 뜻한다.
- 形(모양 형)43 : 어떤 모양을 **나란히**(幵)하듯 사물을 똑같이 **그린**(彡) 모양에서 '**모양**'을 뜻한다.
- 兄(형 형)43 : **입**(口)을 벌려 제사나 일을 주관하는 **사람**(儿)에서, 일을 주관하는 '**형**'을 뜻한다.

배정한자 해설

- **亨(형통할 형)77** : 옛 글자는 높은 제단(盲) 모습으로 享(향)과 같이 쓰이다가, 예서에서 모양이 바뀌었다. 파자 높은(亠) 제단(口)에 제사를 드려 일생을 마칠(了) 때까지 '형통함'을 누림을 뜻한다.
- **鞋(신 혜)19** : 가죽(革)으로 만든 홀(圭)같이 귀한 '신'으로, 목이 짧은 신, 또는 짚신을 뜻하기도 한다. 참고 圭(서옥/쌍토 규):햇볕의 길이로 시간을 측정하던 시계, 후에 옥(玉)으로 만들어 쓰기도 하였다고 한다. 또는 땅(土)과 땅 사이의 경계, 신하가 조회 때 들던 '서옥'으로 만든 '홀(笏)'을 뜻하기도 한다.
- **乎(어조사 호)37** : 악기(丁=丆)에서 소리(丿)가 나옴, 또는 길게 나는 소리를 뜻하며 의문 '어조사'로 쓰인다.
- **呼(부를 호)9** : 입(口)으로 길게 소리 내어(乎) '부름'을 뜻한다.
- **昊(하늘 호)8** : 햇빛(日)이 가장 잘 드는 봄·여름 하늘(天)에서 '하늘'을 뜻한다. 고문은 해(日)가 가장 밝게 놓여질[天=夰(놓을 호)] 때를 뜻한다.
- **好(좋을 호)72** : 여자(女)가 아이(子)를 잘 보살펴 기르는 데서 '좋다' '아름답다'를 뜻한다.
- **戶(집/집 호)12** : 문(門)의 반쪽(戶) 모양으로 '문' '집' 등을 나타낸다.
- **婚(혼인할 혼)88** : 날이 어두운(昏) 저녁 무렵에 신부(女)의 집에 가서 혼례를 올림에서 '혼인하다'를 뜻한다. 참고 昏(어두울 혼):기본 바탕(氐), 또는 나무뿌리 아래 해(日)를 두어, 날이 저물어진 데서 '어둡다'를 뜻한다.
- **弘(클 홍)13** : 활(弓)줄이 크게(厶=ㄙ:클 굉) 울리거나, 활줄을 팔로 크게(厶=ㄙ) 당김에서 '크다'를 뜻한다.
- **和(화할 화)49** : 입(口)으로 고르게 자란 벼(禾)처럼 조화를 이루어 말함에서 '화하다'를 뜻한다. 참고 피리(龠)를 고르게 자란 벼(禾)처럼 조화롭게 연주하는 '龢'(화)는 고자(古字)이다.
- **畫(그림 화)69** : 붓(聿)으로 밭(田)의 사방 경계(一)를 그어 한계를 정한 데서 '그리다' '긋다'를 뜻한다.
- **禍(재앙 화)92** : 신(示)이 노하여 앙상한 뼈(咼)만 남도록 내리는 '재앙'을 뜻한다. 참고 冎(살발라낼 과):뼈(骨)에서 살(月)을 발라낸 모양에서 '살 발라내다'를 뜻한다. 咼(입삐뚤어질 괘):뼈(骨)에서 살(月)을 발라낸 冎(살 발라낼 과)에 입(口)을 더한 자로 '입이 삐뚤어짐'을 뜻하지만, 冎와 咼는 살이 없는 '앙상한 텅 빈 뼈'라는 의미로 같이 쓰인다.
- **患(근심 환)87** : 마음(心)속 깊이 꿰듯(串) 걸려 있어 떠나지 않는 '근심'이나 '고통'을 뜻한다. 참고 串(꿸 관,땅이름 곶):여러 물건을(吕) 뚫어(丨) 꿰어놓은 데서 '꿰다'를 뜻하고, 우리나라 지명중에서 바다로 길게 뻗어 꿰는 모양을 한 육지를 '곶'이라 한다.
- **歡(기쁠 환)53** : 황새(雚)가 짝을 찾아 입을 벌려(欠) 구애하는 데서 '기뻐하다' '좋아하다'를 뜻한다. 참고 勸(권할 권)에서 雚(황새관)자 참조.
- **還(돌아올 환)52** : 둥글게(睘) 돌아서 가면(辶) 제자리로 오는 데서 '돌아오다' '또'를 뜻한다. 참고 睘=瞏(놀라볼 경):옥(玉)으로 만든 옷(衣) 위에 길게(袁) 늘어뜨린 고리 모양의 둥근(口) 옥을 놀란 눈(目=罒)으로 보는(瞏=睘) 데서 '놀라서 보다'를 뜻한다. 참고 睘(경)은 '둥글다'를 뜻함.
- **懷(품을 회)6** : 옷(衣)으로 눈(目=罒)에서 흐르는 눈물(水)을 감추듯(裏=褱), 마음(忄)에 '품고' 있

四字小學 사자소학

음을 뜻한다. 참고 褱(품을 회) : 옷(衣)으로 눈(目=罒)에서 눈물(氺)이 흐름을(眔) 덮어 감추는데서 '품다'를 뜻한다.

- 會(모일 회)56 : 제기(日)와 제물(囧) 뚜껑(亼) 모양으로 제물을 차리고 여럿이 모여 회의하거나, 또는 창고(日)의 여러 물건(囧)과 지붕(亼) 모양으로, 여러 물건을 모아둠에서 '모이다'를 뜻한다.
- 孝(효도 효)31 : 자식(子)나 어린아이가 늙으신(耂) 어른을 업거나 부축하여 돕는 데서 '효도'를 뜻한다.
- 效(본받을 효)50 : 서로(交) 같아지도록 쳐서(攵) 다그치는 데서 '본받다' '효험'을 뜻한다. 참고 交(사귈 교) 참고.
- 厚(두터울 후)7 : 언덕(厂)처럼 높게 설치한 제단에 진한 술이나 제물을 드리는(享·旱) 데서 '두텁다'를 뜻한다. 참고 旱=㫗(두터울 후) : 진한 술을 담은 그릇에서 두터운 맛을 나타내거나, 두텁게 설치한 제단에서 '두텁다'를 뜻한다. ※旱는 厚의 古字.
- 後(뒤 후)33 : 길을 걷는데(彳) 발에 끈(糸=幺)이 묶여 뒤처지는(夂) 데서 '뒤' '뒤지다'를 뜻한다. 파자 길(彳)을 갈 때 작은(幺) 어린아이가 뒤처지는(夂) 데서 '뒤'를 뜻한다.
- 訓(가르칠 훈)49 : 윗사람이 한 말(言)이 냇물(川)이 흐르듯 백성에 전달되는 데서 '가르치다'를 뜻한다.
- 毁(헐 훼)32 : 절구(臼)에 넣고 쳐서(殳) 부수듯 우뚝 쌓은 흙(壬=土)을 쳐서 허는 데서 '헐다'를 뜻한다. ※毀
- 揮(휘두를 휘)29 : 손(扌)을 흔들어 군(軍)을 지휘하는 데서 '휘두르다'가 뜻이 된다. 참고 軍군사 군 : 전차(車)로 둘러싼(勹 또는 冖=冖) 군대, 또는 전차(車)를 둘러싼(勹=冖) 군사에서 '군사'로 쓰인다. 전차(車)를 타고 지휘하는 대장을 둘러싼(勹 또는 冖=冖) '군사' '군대'로 보기도 한다.
- 恤(불쌍할/도울 휼)87 : 불쌍한 사람을 마음(忄)을 다해 열렬히(血) 도움에서 '불쌍하다' '불쌍히 여기다' '돕다'를 뜻한다.
- 黑(검을 흑)60 : 불(灬)길에 검게 그을린 창이나, 얼굴에 검은 문신을 한 사람에서 '검다'를 뜻한다.
- 喜(기쁠 희)26 : 악기(壴) 연주를 들으며 입(口)을 벌려 기뻐하거나, 경사를 축하하는 데서 '기쁨'을 뜻한다. 참고 壴(악기이름 주) : 장식(屮=十)이 있는 북(豆)을 세워 놓은 데서 '세운 악기' '악기이름'을 뜻한다.
- 戱(놀이 희)13 : 사냥이나 전쟁 전에 범(虍)의 탈을 쓰고 제기(豆)에 음식을 갖추어 창(戈)을 들고 춤추고 노래하며 제사하던 '戲'의 속자(俗字)로, '놀다' '연기'를 뜻한다. 참고 虗(옛그릇 희) : 호랑이(虍) 모양의 북이나 제기(豆)로 무사(武士)들의 행사에 쓰이던 '옛 그릇'을 뜻한다. ※戲의 속자.

원문 익히기

四字小學 사자소학 365

父生我身 하고 母鞠吾身 이라
腹以懷我 하고 乳以哺我 하며
以衣溫我 하고 以食飽我 시니
恩高如天 하고 德厚似地 로다

爲人子者 로써 曷不爲孝 요
欲報深恩 이나 昊天罔極 로다
父母呼我 시면 唯而趨進 하고
有命必從 하고 勿逆勿怠 하라

父母責之 라도 勿怒勿答 하고
侍坐父母 면 勿踞勿臥 하라
侍坐親側 엔 勿怒責人 하며
父母出入 이면 每必起立 라

원문 익히기

勿立門中 하고 　勿坐房中 하라
出入門戶 어든 　開閉必恭 하라
須勿大唾 하고 　亦勿弘言 하며
手勿雜戲 하고 　口勿雜談 이라
獻物父母 거든 　跪而進之 하며
與我飲食 하거든 　跪而受之 하라
行勿慢步 하고 　坐勿倚身 하며
父母衣服 을 　勿踰勿踐 하라
膝前勿坐 하고 　親面勿仰 하며
父母臥命 이라도 　俯首聽之 하라
坐命跪聽 하고 　立命立聽 하며
稞糧以送 하거든 　勿懶讀書 하라

四字小學 사자소학 365

親履勿履 하며　　親席勿坐 하며
須勿放笑 하고　　亦勿翔行 하라
事必稟行 하고　　無敢自專 하며
衣服帶鞋 를　　　不失不裂 하라

鷄鳴而起 하여　　必盥必漱 하고
晨必先起 하고　　暮須後寢 하라
父母有病 이면　　憂而謀瘳 하고
父母不食 하면　　思得良饌 하라

衣服雖惡 아라도　與之必着 하고
飮食雖厭 이라도　賜之必嘗 하라
父母無衣 어시든　勿思我衣 하고
父母無食 이어든　勿思我食 하라

원문 익히기

出必告之 하고　　反必拜謁 하며라
毋與人鬪 하라　　父母不安 이니라
子登高樹 하면　　父母憂之 시니라
勿泳深淵 하라　　父母念之 시니라
父母愛之 어든　　喜而弗忘 하고
父母惡之 라도　　懼而無怨 하라
夏則涼枕 하고　　冬則溫被 하며
若得美果 하면　　歸獻父母 하라
器有飮食 이라도　毋與勿食 하라
親前珍羞 는　　　先食不孝 니라
室堂有塵 이거든　常必帚掃 하라
暑無褰衣 하고　　亦勿揮扇 하라

四字小學 사자소학 365

平生一欺 면 其罪如山 이라
若告西適 이면 不復東往 하라
雪裏求筍 은 孟宗之孝 요
叩氷得鯉 는 王祥之孝 니라

身體髮膚 는 受之父母 라
不敢毀傷 이 孝之始也 요
立身行道 하여 揚名後世 하여
以顯父母 라야 孝之終也 니라

我身能惡 하면 辱及父母 하고
我身能善 하면 譽及父母 라
事親如此 하면 可謂人子 요
不能如此 면 禽獸無異 라

事君之道는 與父一體니
使臣以禮요 事君以忠이니라
盡己謂忠이요 以實謂信이니
人不忠信이면 何謂人乎아
學優則仕하야 爲國盡忠하라
敬信節用하며 愛民如子하라
進思盡忠하고 退思補過하라
士農工商은 德崇業廣하리라
夫婦之道는 異姓之合이라
夫道剛直하고 婦德柔順하며
愛之敬之가 夫婦之禮이니
夫唱婦隨하면 家道成矣리라

四字小學 사자소학 365

兄弟姉妹 는 友愛而已 니
骨肉雖分 이나 本生一氣 니라
形體雖各 이나 素受一血 이니
兄友弟恭 하고 不敢怨怒 하라

比之於木 이건데 同根異枝 요
比之於水 하건데 同源異流 이니라
兄雖責我 莫敢抗怒 하고
弟雖有過 須勿聲責 하라

一粒之食 必分而食 하고
一盃之水 必分而飲 하라
兄無衣服 이면 弟必獻之 하고
弟無飲食 이면 兄必與之 하라

원문 익히기

私其飲食 하면 禽獸之類 요
私其衣服 하면 夷狄之徒 니라
兄有過失 하거든 和氣以諫 하고
弟有過誤 이거든 怡聲以訓 하라
兄弟有病 하거든 憫而思救 하라
兄能如此 면 弟亦效之 니라
兄弟有惡 하거든 隱而勿現 하고
兄弟有善 하거든 必譽于外 하고
兄出晚來 면 倚門俟之 하고
弟出不還 하면 登高望之 니라
我有憂患 이면 兄弟亦憂 하고
我有歡樂 이면 姉妹亦樂 이라

四字小學 사자소학 365

我事人親 하면　　人事我親 하고
我敬人兄 하면　　人敬我兄 이라
雖有他親 이나　　豈有如此 하면
兄弟和睦 하면　　父母喜之 니라

人之處世 에　　　不可無友 이니
以文會友 하고　　以友輔仁 하라
擇而交之 지면　　有所補益 하고
不擇而交 면　　　反有害之 라

友其正人 이면　　我亦自正 이고
從遊邪人 하면　　我亦自邪 라
蓬生麻中 이면　　不扶自正 하고
白沙在泥 면　　　不染自陋 니라

원문 익히기

近朱者赤이니 近墨者黑하고
就必有德하라 居必擇隣하고
諂諛之人이요 面讚我善하면
剛直之人이라 面責我過하면
百事皆僞니라 悅人讚己하면
其行無進이니라 厭人責者는
是謂不信이며 內疏外親이면
亦曰不信이라 行不如言이면

易陷不義라 人無責友면
當事無誤라 多友之人은
反有我害니라 彼必大怒하면
非直之人이라 友而不信이면

四字小學 사자소학

事師如親 하고　必敬必恭 하라
非教不知 면　非知何行 이라
能孝能悌 가　莫非師恩 이요
能知能信 이　莫非師功 이니라

非爾自行 이요　惟師導之 라
其恩其功 이　亦如天地 라
始習文字 어든　字畫楷正 하라
書冊狼藉 어든　每必整頓 하라

先生施教 어든　弟子是則 하라
勤勉工夫 하면　父母悅之 시니라
師乏衣衾 이면　卽必獻之 이고
師有疾病 이면　卽必藥之 하라

遠惡近善 하고 　知過必改 하며
敏而好學 하고 　不恥下問 하라
人無修學 이면 　冥如夜行 이라
師父一體 니 　各宜勉之 하라
飽食煖衣 하되 　逸居無敎 면
卽近禽獸 니 　聖人憂之 하나니라
作事謀始 하고 　出言顧行 하고
常德固持 하고 　然諾重應 중응하라
晝耕夜讀 하여 　盡事待命 하라
禮義廉恥 는 　是謂四維 니라
元亨利貞 은 　天道之常 이요
仁義禮智 는 　人性之綱 이라

四字小學 사자소학

積德之家는 必有餘慶이요
積惡之家엔 必有餘殃이니라
君爲臣綱이요 父爲子綱이요
夫爲婦綱이니 是謂三綱이니라
父子有親하고 君臣有義하고
夫婦有別하고 長幼有序하고
朋友有信이니 是謂五倫이니라
人所以貴는 以其倫綱이니라
視必思明하고 聽必思聰하며
色必思溫하고 貌必思恭하며
言必思忠하고 事必思敬하며
疑必思問하고 忿必思難하며

원문 익히기

見得思義니 是謂九思니라
足容必重하며 手容必恭하며
頭容必直하며 目容必端하며
口容必止하며 聲容必靜하며
氣容必肅하며 立容必德하며
色容必莊이니 是謂九容이니라
德業相勸하고 過失相規하며
禮俗相交하며 患難相恤하라
貧窮困厄에 親戚相救하며
婚姻死喪에 隣保相助하라
修身齊家는 治國之本이요
讀書勤儉은 起家之本이라

四字小學 사자소학

忠信慈祥 하고 溫良恭儉 하라
人之德行 은 謙讓爲上 이라
莫談他短 하고 靡恃己長 하며
己所不欲 을 勿施於人 하라
損人利己 면 終是自害 니라
禍福無門 하야 惟人所召 니라
嗟嗟小子 아 敬受此書 하라
非我言耄 라 惟聖之謨 시니라

사자소학 365

펴 낸 곳	어시스트하모니(주)
펴 낸 이	이정균
등록번호	제2019-000078호
주　　소	서울시 영등포구 양산로 57-5, 601호 (양평동, 이노플렉스)
구입문의	02)2088-4242
팩　　스	02)6442-8714
홈페이지	www.assistharmony.com
I S B N	979-11-969104-1-9　　63710

이 책의 무단 복제, 복사, 전재는 저작권법에 저촉됩니다.
잘못된 책은 바꾸어 드립니다.

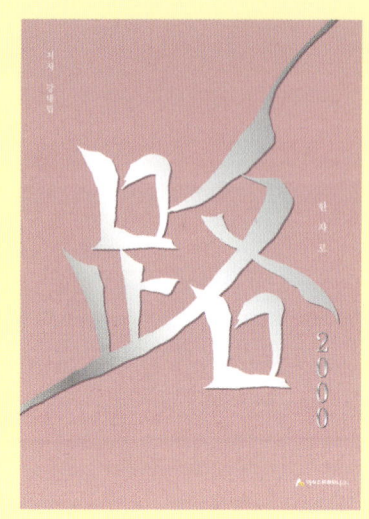

- 4500여 한자(漢字)를 같은 모양끼리 모아, 이해하기 쉽고 지도하기 쉽게 엮은 한 권의 책

- 2000여 한자(漢字)를 공무원 시험이나 각종 고시에 출제되는 한자를 포함하여 같은 모양끼리 모아 이해하기 쉽게 엮은 책

국가공인 한자능력검정시험
완벽 대비 수험서!

모양별 분류
짧은 시간 내에 많은 한자를 학습할 수 있습니다.

한자의 유래 및 고문 그림
한자의 생성 원리와 시각적 이미지를 통해 확실하게 한자를 머릿속에 기억할 수 있습니다.

쓰기노트
한자를 직접 쓰면서 익힐 수 있습니다.

 한자능력검정시험 대비 **한자 급수박사** 시리즈

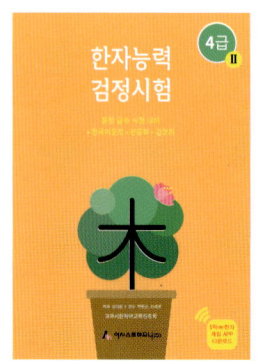  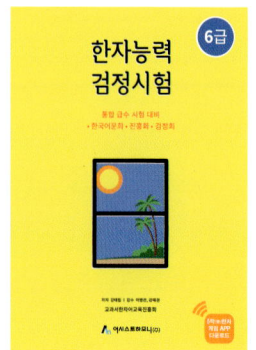 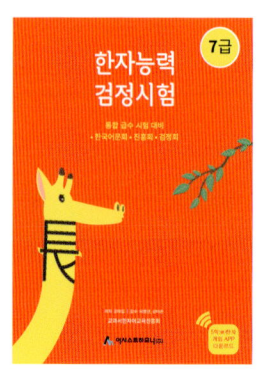